本书系国家社会科学基金青年项目
"新媒体视阈下个人信息管理行为研究"
（编号：16CTQ028）课题研究成果

大数据时代

科研人员个人学术信息管理行为

Personal Academic Information
Management Behavior of
Scientific Researchers in the Era of Big Data

占 南 / 著

社会科学文献出版社
SOCIAL SCIENCES ACADEMIC PRESS (CHINA)

序

　　占南同志请我为她即将出版的《大数据时代科研人员个人学术信息管理行为》一书作序，我欣然接受，因为在信息管理研究方面又将有一新作问世，它是作者多年学习和研究的成果。

　　个人信息管理（Personal Information Management，PIM）是一个古老而又年轻的领域，它的产生与发展是与人作为信息处理器的本质和需求一致的。说它古老，是因为每个人，无论他处于什么时代，都需要管理自己的个人信息，这是生存和发展的基本需要。说它年轻，是因为对它的系统研究和借助于现代信息技术手段开展 PIM 实践才刚刚开始。学者们尝试着从主体、客体、工具、技术、方法、程序、系统、目的、过程、活动、实践、项目、研究、领域、学科、行业、专业等多个角度来界定 PIM。在今天的信息社会里，由于信息技术的快速发展和普及运用，人类获取、生产、传播、存储信息的能力日益增强，相比而言，吸收、利用信息的能力却在下降。对个人信息来说，尤其如此。随着时间的推移，如果不经受良好的 PIM 训练，个人将越来越难以有效地利用自己的宝贵资源（时间、资金、精力和注意力），提高自己的学习、生活和工作质量。PIM 是指个人为获取或创建、存储、组织、维护、检索、利用和传播实现其人生目标和履行其人生角色和职责所需的信息而开展的实践活动及对这些活动的研究。PIM 不仅与每个人的学习、生活、工作、休闲以及兴趣、职业、心理、行为等密切相关，而且深受快速发展的信息工具的强大影响，相对于组织和社会层次的信息管理来说，PIM 还是个亟待开拓的新领域，为此需要建立一个专门的研究领域和学科来对其进行研究。目前 PIM 已经成为国际学术界关注的一个焦点和热点问题，但是国内对该问题的关注还远远不够，这与大数据时代的发展对个人信息的管理提出的要求还有很大的差距。因此本书的出版，将有助于我国学术界和广大读者从一个侧面了解信息管理中这一有待开拓的新领域，对加强公众的个人信息管理和促进整个信息管理学科的发展也具有积极意义。

当前信息技术改变了科学研究的信息环境和体系，数字信息环境中科研人员的信息交流和处理方式正在发生巨大变化。在这个信息爆炸和碎片化的时代，随着拥有的数字化学术信息资源不断增加，科研人员不得不面对因个人学术信息超载而带来的信息组织和管理问题。学术信息类型各异、种类繁多带来了个人学术信息空间碎片化，加之科研人员信息保存行为随意和学术信息素养相对薄弱，这些都使得个人学术信息的管理成了一个不得不关注和研究的现实问题。《大数据时代科研人员个人学术信息管理行为》一书就是以科研人员个人学术信息管理行为为研究对象，采用定性研究扎根理论研究方法，通过对科研人员深度访谈资料进行分析，探讨影响科研人员个人学术信息管理行为的主要因素，同时构建并验证科研人员个人学术信息管理行为影响因素模型。作者始终坚持规范分析和实证研究相结合、定性研究和定量研究相结合，力图为个人学术信息管理工具的构建提供一定的参考和帮助。目前国内出版了不少研究信息行为的著作，但是将定性研究和定量研究结合起来的还不多见。将半结构化访谈、扎根理论与问卷调研结合起来，采用混合研究方法，不仅能更好地建构和理解研究问题，而且在一定程度上避免了社会学调研和访谈方法的单一性和主观性的不足，从而提升了研究的价值和意义。混合研究方法可在同一研究中综合使用定性和定量的研究概念、工具、技术、方法和手段，更为有效地揭示问题的本质并提出全面而客观的解决方案。而采用扎根理论方法研究科研人员个人学术信息管理行为影响因素，可以对不易观测到的行为模式进行概念化的呈现，从而深入揭示其行为动机和影响因素。这些构成了该书的显著特色。

作者作为一名年轻的科研工作者，十多年来一直将个人信息管理作为自己的研究和实践领域，这也增强了该书的科学性、实用性和针对性。因此我十分乐意向广大读者推荐。相信该书对科研工作者和信息管理工作者、信息管理相关专业的师生都具有一定的参考价值。

谢阳群

2018 年 3 月于安徽合肥

目　录

第 1 章　绪论

1.1　研究背景和意义

1.1.1　研究背景

IDC 发布的《2020 年的数字宇宙：大数据、更大的数字阴影以及远东地区实现最快增长》指出，从 2013 年到 2020 年，数字宇宙的规模每两年翻一番，数字宇宙是对一年内全世界产生、复制及利用的所有数字化数据的度量，2020 年全球新建和复制的信息量将超过 40ZB。在这种大数据时代环境下，作为个体的每个人都受到了这种急速发展的冲击，个人每天创建、收集和存储以备日后使用的信息的数量不断增多，虽然此时计算机的数据处理能力也在不断增长和改进，但是仍然不能完全满足个体对于其个人信息的管理需求，于是个人信息管理（Personal Information Management，PIM）——个人如何创建、收集、组织和检索他们以电子形式存储的个人信息，近年来逐渐成为信息管理领域的一个重要研究主题。近年来用户信息行为的研究引起了多个学科极大的关注，2005 年出版的来自 10 个国家 85 名学者编写的《信息行为理论》（*Theories of Information Behavior*)① 一书中介绍了 74 种信息行为理论和方法模型，其中有 43

①　Fisher K. E., Erdelez S. and McKechnie L., *Theories of Information Behavior*, Medford: Information Today, Inc., 2005.

种来自图书馆学情报学领域①。随着信息环境和用户信息需求发生根本性变革，用户信息行为研究也正向着更为广阔的领域发展。在第77届国际图联大会上，来自英国的德里克（Law Derek）教授在报告中指出 Web 2.0 的网络环境逐渐改变了人们对信息的处理方式，人们正更加主动地创建、选择、使用和共享信息②，因此需要充分了解用户的行为和影响用户行为的多重因素。随着科学技术高度专门化和综合化的发展趋势，随着知识爆炸的信息社会的快速发展，人们对于信息资源在点和面上都有更高的需求，不同群体的用户对信息资源需求表现出很大的差异性，需求的专业性越来越高，层次也越来越深。

（1）科研人员须对个人学术信息进行及时有效的管理的重要性凸显

个人信息管理的研究内容包括人们为了获取、组织、维护和检索日常所用信息而进行的诸多活动。理想的个人信息管理能够使人们在适当的时间和地点，以适当的形式获取质量较高的信息。Web 2.0 时代随着个人拥有的信息量不断增加，个人计算机性能的增强、存储容量的日益扩大、存储设备的便捷，科研人员将大量的学术科研信息存储到个人信息空间。随着学术信息的长期积累，由存放位置、信息组织和管理等带来的问题使得科研用户在需要的时候无法及时找到所需资源，往往会导致学术信息的重复下载并浪费一定的时间和精力。具有高知识依存度和高协同工作度特点的科研人员如何对个人学术信息空间内的信息进行有效的组织和管理，从而高效地完成科研任务是一个重要的研究课题。处于信息爆炸时代的学术科研人员工作压力大，需要提升自身的工作效率，更希望在短时间内找到对自己有价值的信息。个人学术信息资源种类繁多，按照学术信息的媒体表现形式划分，可分为文本学术信息、图像学术信息

---

① 吴慰慈：《中国高校哲学社会科学发展报告（1978—2008）：图书馆学、情报学与文献学》，广西师范大学出版社，2008，第198页。

② 张晓林：《超越图书馆：寻求变革方向——第77届国际图联大会观感》，《图书情报工作》2011年第21期。

等；按照学术信息的来源划分，可以分为电子书刊、软件资源等。对于科研人员而言，学术信息资源是指包含较高学术价值、满足其学术科研需求的信息。高校教学科研活动的主体是高校师生和学术研究人员，他们在教学与研究工作中查找、利用信息是为了满足自身教学、研究和知识创新的需要，与社会大众对信息资源的需求有一定的区别。这种区别表现在科研人员对信息的质量要求较高，长期持续进行的学术研究需要数量庞大、内容延续的专业文献。他们需要的信息资源要能够反映本学科的前沿发展水平和发展动态，具备良好的学科内容范围和准确性。

（2）科研人员个人学术信息管理存在许多问题和困难

以数字化、网络化为代表的现代信息技术全面而快速地改造着科学研究的基础环境和运作体系，形成科学研究的数字化生存状态，这对于科研人员的信息交流和处理方式都将带来巨大变化[1]。数字信息环境是科技创新的主要科研环境，当前科研互动交叉融合、协同创新趋势明显，科研条件和交流环境日趋网络化、数字化，用户强烈要求提供桌面化、网络化、个性化的科研信息服务。科研人员信息行为模式和信息需求正在不断发生变化，国内图书馆界也很重视网络环境下用户信息行为的调查分析。但对于构建个人科研信息空间来说，目前关注的这些科研信息行为还不够全面。比如，学术科研人员对个人科研信息的保存、组织和利用情况，对新兴技术的使用情况（如 Web 2.0 应用、个性化订阅推送服务的使用等），对科学数据的使用等与个人科研信息空间功能框架的确立直接相关的方面的调查和研究还不多[2]。开放数字资源环境下，科研人员的学术信息环境发生了深刻的变化，科研信息行为模式和信息需求也发生了显著变化。随着拥有的数字化学术信息资源的不断增加，科研人员也面临着因个人学术信息超载带来的信息组织和管理的问题。个人学

---

① 李桂华：《信息服务设计与管理》，北京交通大学出版社，2009，第 226 页。

② 包冬梅、范颖捷、邱君瑞：《“学术科研人员科研信息行为与需求”调查分析》，《数字图书馆论坛》2012 年第 5 期。

术信息管理的基本目标是：①个人学术信息管理可以包括各种类的学术信息，以建立统一的学术信息管理结构，方便用户日后的信息查找；②有效地对个人学术信息进行组织管理，解决信息格式不统一、信息分散和同步共享等问题。但是由于学术信息类型格式异构、种类多样化而带来的个人学术信息空间碎片化，科研人员信息保存行为的随意性和学术信息素养薄弱等都会给个人学术信息的管理带来一定的困难。

本书就是以科研人员个人学术信息管理行为为切入主题，对行为的发生原因、表现形式、环境特点及其影响因素进行深入研究，为提高科研人员学术信息利用率和工作效率、加速知识的应用和创新、开展人性化的学术信息服务和开发设计面向科研人员的个人学术信息管理工具提供可靠的依据。

1.1.2 研究意义

本研究的理论意义主要表现为以下三个方面。

一是丰富和发展了个人信息管理的理论体系。在理论研究方法方面，本研究综合运用深度访谈、扎根理论、调查研究等研究方法展开研究，研究结论均建立在数据的分析基础之上，提高了本研究的科学性和结论的可信性。将社会科学多种研究方法与本研究的具体研究内容有机结合，为个人信息管理领域吸收和借鉴其他学科相对成熟的研究方法进行有意义的尝试，有利于国内个人信息管理研究的进一步规范化和科学化，进一步推进个人信息管理理论研究方法的不断丰富和发展。

二是进一步完善了科研人员信息行为研究。本研究通过引入心理认知学、用户行为理论和社会心理学等交叉学科思想，从定性研究和定量研究两个方面对科研人员个人学术信息管理行为影响因素进行研究，构建科研人员个人学术信息管理行为影响因素模型，进一步丰富了对科研人员信息行为的研究。

三是对信息资源管理理论的进一步拓展和完善。学术信息资源是数字化科研环境中的重要信息资源，是科研人员实现个人知识创新的理论基础。对学术信息资源的有效管理可以提升科研效率，进一步推动知识创新。本书对科研人员个人学术信息管理行为的研究是对网络环境下信息资源管理理论的拓展和完善。

本研究的实践意义主要表现为以下两个方面。

一是结合科研人员自身的特点以及其在学习、工作中对学术信息进行管理的实际需求，探讨科研人员个人学术信息管理行为影响因素。基于扎根理论对科研人员个人学术信息管理行为影响因素进行分析，为了构建更加合理的模型，以便对科研人员个人学术信息管理行为进行更精确的测量和分析，本研究在已有文献的基础上结合定性研究结果进一步构建科研人员个人学术信息管理行为影响因素模型，提出理论假设，并进一步明确各潜变量及其之间的关系。良好的个人学术信息管理可以使科研人员利用自己有限的资源（时间、金钱、能力等），充分利用个人信息实现知识创新，提升科研工作效率。

二是通过对科研人员个人学术信息管理行为的相关影响因素的研究为开发适合科研人员的个人信息管理工具提供具体指导与建议。根据信息技术发展的辅人律和拟人律的规律，个人学术信息管理工具的设计要符合科研人员在当前学术科研环境中的信息需求，实现辅助性管理功能。本研究通过定性和定量研究结果所提出的工具设计思路在一定程度上反映了科研人员的内在需求，有利于后续工具的开发设计和推广。

1.1.3 科研人员学术信息管理行为研究现状

由于个人信息在数量分布、需求差异等方面存在不同，不同职业、不同群体关注的信息是不同的，因此针对某一群体进行具体研究更能提高个人信息管理的效率。包冬梅等人指出目前个人信息管理方面的研究侧重于个人私人生活和工作信息的有效管理和再发现，少有对个人学术信息资源的关注。对于科研人员而言面对复杂的数字信息资源环境和大量的学术信息资源，如何有效地对个人学术信息资源进行组织和管理，对提高自身科研水平和效率非常重要①。信息技术的快速发展使得信息沟通交流和知识创新的基本形式和主要方法也发生了重大变化，数字学术科研环境下科研用户信息行为也在不断发生改变。信息从一种被动的资源变为知识创新的工具，为科研人员知识发现、探寻未知领域和引导研究方向提供支持。美国数字图书馆联盟对高校用户的学术信息环境利用行为进行了调研，主要是为了对高校用户用于科研、教学和学习的信息进行了解②。

（1）科研人员学术信息管理问题和困境的研究

OCLC 发布的报告"美国研究人员的研究生涯"中指出研究人员在个人信息管理方面存在很多问题，如文件、数据集的存储与管理，信息检索能力的提升以及参考文献的输入、存储与管理等③。2005 年加拿大科技信息研究 CISTI 发布的"发现信息与支持创新——2005—2010 发展战略规划"对未来科研用户的需求和期望进行了分析，并据此提出短期与长期的服务策略，其预期日标是构建整合的学术信息基础设施，提供通用、无缝和永久的信息接口获取科学信息及相关信息，从而更有利于科研人员进行科学研究和创新④。华盛顿大学信息学院启动的"寻找需要的信息"（Keep Found Things Found）课题主要研究人们对已发现和遇到的信息是如何管理的，以

---

① 包冬梅、戴维民：《个人科研信息空间相关研究综述》，《数字图书馆论坛》2012 年第 5 期。

② Friedlander A., "Dimensions and use of the scholarly information environment," Accessed April 10, 2014. http://msc. mellon. org/msc-files/Dimensions% 20and% 20Use% 20of% 20Scholarly% 20Info. pdf.

③ Kroll S., Forsman R., "A slice of research life: Information support for research in the United States," Accessed April 10, 2014. http://www. oclc. org/research/publications/library/2010/2010 – 15. pdf.

④ 加拿大科技信息研究所：《探索信息创新：加拿大科技信息研究所（CISTI）2005—2010 年战略规划》，张静、刘细文、柯贤能、黎江编译，《图书情报工作动态》2007 年第 6 期。

及在未来的某个时间点上是如何使用这些信息的，研究内容细化为如何保存信息、如何重新找到信息、信息保存方式的效用和使用频率，以及文件夹在个人信息组织和管理中的作用。米兹拉希（Diane Mizrachi）和贝茨（Marcia J. Bates）指出大学生作为"数字原住民"的一代，有效地对个人纸质和电子学术信息资源进行管理对于他们在学习和生活中能否取得成功非常重要。作者采用民族志研究方法和质性扎根理论对 18—22 岁有代表性的本科学生的个人学术信息管理行为进行调研，主要是研究学生如何将数字工具和信息整合到他们的学术信息世界、在组织策略和工具选择方面有何种偏好，以及在哪种情况下他们选择使用技术管理工具[①]。吴跃伟分析了网络环境下科研用户在信息获取、信息组织和信息发布方面存在的障碍及其产生的原因，科研人员在信息利用过程中对于"偶遇"信息或与研究领域相关的信息不加以整理、加工和有效组织等问题，对信息资源缺乏有效的组织是影响信息利用的障碍之一[②]。科研人员对科研信息的需求是时变的、学科化的、个性化的，科研人员需要科研个性化信息环境，白光祖等人提出建立一个面向用户的科研信息空间，用户可以存取各种类分布式科研信息[③]。随着现代信息技术的进步以及互联网的普及，人类的信息环境发生了显著变化，信息资源数字化、传播速度高速化、信息载体多样化、信息利用普及化必然会引起科研人员学术信息素养随之发生改变[④]。包冬梅指出可以从两个方面解决目前个人学术信息管理中所存在的困境，一是从客观上开发设计和优化工具，二是从主观上培养科研用户对学术信息组织和管

---

① Mizrachi D. , Bates M. J. , "Undergraduates' personal academic information management and the consideration of time and task-urgency," *Journal of the American Society for Information Science and Technology* 8 （2013）：1590 – 1607.

② 吴跃伟：《网络环境下科研用户信息利用障碍分析》，《现代情报》2007 年第 3 期。

③ 白光祖、吕俊生、吴新年：《科研个性化信息环境初探》，《情报科学》2009 年第 4 期。

④ 姜晓曦：《学术信息素养在信息类型与获取方式方面的变化分析》，《情报杂志》2011 年第 9 期。

理的意识和技能①。张静波认为大数据时代科研人员需要具备数据素养，有效地获取、管理、分析、利用数据以及进行数据共享，对于提高科研产出效率非常重要②。齐俊景采用问卷调查法，从 e-Science 环境感知、科研信息获取、科研数据存储与管理、科研信息分析与利用及科研交流与合作对青年科研人员的科研信息素养现状展开调研，并由此提出提升其科研信息素养的相应对策③。大数据时代科学研究发生巨大改变，推动了以数据为核心的新型科研方式的产生，凌婉阳指出提高科研人员的科研素养对促进科研创新具有重大作用，并提出了基于项目和数据生命周期及职业发展的科研数据素养培养框架④。

（2）科研人员信息行为及其特征

沃宾（Henk Voorbij）采用问卷调查和焦点小组访谈的方法对荷兰某高校科研人员的信息检索行为进行了研究，研究表明大多数科研人员利用互联网作为学习和工作的辅助工具查找一些事实性、概括性和短暂的信息⑤。2008 年，英国图书馆与联合信息系统委员会 JISC 发布了"未来研究人员的信息行为"研究报告，对未来的科研环境以及"谷歌的一代"成为科学家后表现出的信息行为进行了预测，报告指出越来越多的用户正在通过 email、Blog、Wiki、个人网站等方式发布自己制造的内容，信息环境的变化带来科研过程的变化，科研用户希望从自己存储的大量信息中进行有效的知识挖掘，

---

① 包冬梅：《数字环境下研究人员学术信息管理的困境与对策》，《图书馆》2014 年第 3 期。
② 张静波：《大数据时代的数据素养教育》，《科学》2013 年第 4 期。
③ 齐俊景：《e-Science 环境下青年科研人员科研信息素养现状调查与分析》，《图书情报研究》2016 年第 1 期。
④ 凌婉阳：《大数据与数据密集型科研范式下的科研人员数据素养研究》，《图书馆》2018 年第 1 期。
⑤ Voorbij H. J.，"Searching scientific information on the internet：A dutch academic user survey，" *Journal of the Ameriean Society for Information Science* 50（1999）：598 – 615.

发现新的信息，进行科研创新[①]。哈格伦德（Lotta Haglund）等人对瑞典的教师进行了问卷调查，发现年轻的教师更倾向于使用谷歌获取信息，他们认为利用图书馆获取信息相对而言还是比较复杂的[②]。梅霍（Lokman I. Meho）通过电子邮件访谈收集数据，在对埃利斯信息搜寻模型修正扩展的基础上分析了社会科学家的信息查找行为包括起始、链接、浏览、监视、获取、区分、提取、验证信息、网络化和信息管理，科研用户认为对收集到的信息进行管理非常重要，通过有效地存储和组织能够进一步促进研究的发展[③]。扎克（Lisl Zach）采用案例研究的方法深入了解艺术管理人员的信息查寻行为[④]，采用电话访谈的方式访问了英国 450 所研究型大学中不同领域的 395 名研究人员和 55 名图书馆员，研究发现信息检索是科研工作不可或缺的一部分，他们希望于从大量的检索结果中筛选出自己所需信息，大部分科研人员认为能够很好地处理大量的信息，但令他们苦恼的是过多的邮件。大部分科研人员（62%）往往是利用信息推送服务获取新的信息，他们选择电子邮件而不是 RSS 订阅所需信息[⑤]。康纳维（Lynn Silipigni Connaway）等人选取了 12 份来自英国和美国的关于用户信息行为的研究报告，研究结果指出：不同学科的研究人员在查找信息时存在差异；用户查找信息时主要依赖 Google 及其他搜索引擎；网络速度和便捷程度对科研人员至关重要；科研人员更倾向于通过个人用户终端访问学术资源，对自身使用信

①　英国图书馆 JISC：《未来研究人员的信息行为》，王秀华、王丽贤编译，《图书情报工作动态》2008 年第 1 期。

②　Haglund L. and Olsson P., "The impact on university libraries of changes in information behavior among academic researchers: A multiple case study," *The Journal of Academic Librarian Ship* 34（2008）: 52 – 59.

③　Meho L. I. and Tibbo H. R., "Modeling the information-seeking behavior of social scientists: Ellis's study revisited," *Journal of the American Society for Information Science and Technology* 54（2003）: 570 – 587.

④　Zach L., "Using a multiple-case studies design to investigate the information-seeking behavior of arts administrators," *Library Trends* 55（2006）: 4 – 21.

⑤　Research Information Network：《英国研究人员检索行为调查（总结性摘要）》，王巧玲编译，《图书情报工作动态》2007 年第 12 期。

息搜索工具的能力很有信心；科研人员的信息素养并没有明显的提高①。格（Xuemei Ge）采用访谈的方法调查了社会科学领域科研人员的信息查寻行为，研究发现数字信息资源在科研人员信息寻求中发挥重要作用，并且扩展了埃利斯信息搜寻行为模型，添加了准备计划和信息管理两个特征②。纳赛尔（Al-Suqri Mohammed Nasser）采用基于电子邮件访谈、面对面访谈和焦点小组访谈的方式对发展中国家中东部大学的社会科学学者在新信息环境下的查寻行为进行了调查，认为经典研究的信息行为模型仍然适用于新环境下对用户信息查寻行为的分析③。

黄长著等人对北京大学图书馆、清华大学图书馆、中国科技信息研究所、国家图书馆、中国科学院文献情报中心1500多个科技用户网络信息行为调查发现图书馆和互联网是目前用户获得信息的主要途径。学术科研用户对质量高的数字化信息资源的需求量更大，他们的信息需求主要是依靠图书情报机构满足④。董小英等人对我国学术界用户信息查询行为、信息利用及其评价进行了分析和讨论，调查发现科研要求高的学术用户信息需求也会更加强烈，对互联网信息资源的利用率也更高，科研和教学群体更重视信息的使用，而且能较为熟练地利用网络数字资源⑤。张晓琳指出，随着信息技术的快速发展，信息沟通交流的形式也发生了根本的变化，科学研究的

---

① Connaway L. Sand Dickey T. J. ，" The digital information seeker report of findings from selected OCLC，RIN and JISC user behaviour projects，" Accessed April 10, 2014. http：//www. jisc. ac. uk/publications/reports/2010/digitalinformationseekers. aspx # downloads.

② Ge X. ，"Information-seeking behavior in the digital age：A multidisciplinary study of academic researchers，" *College & Research Libraries* 71 （2010）：435 – 455.

③ Al-Suqri M. N. ，"Information-seeking behavior of social science scholars in developing countries：A proposed model，" *The International Information & Library Review* 43 （2011）：1 – 14.

④ 黄长著等：《中国图书情报网络化研究》，北京图书馆出版社，2002，第19—137页。

⑤ 董小英等：《中国学术界用户对互联网信息的利用及其评价》，《图书情报工作》2003年第1期。

环境也在朝着数字化网络化方向发展。科技信息用户行为也在不断发展：依靠数字化网络环境获取信息资源、随着信息获取物理障碍的消失用户习惯于在自己工作现场和过程中数字化地进行信息交流和处理、科研用户信息活动的重点转变为知识发现和知识创造①。数字环境下信息资源组织结构、载体形态和存储分布都发生了深刻变化，科研用户的信息行为也随之发生改变。熊太纯等人指出，网络环境下信息源及其获取途径更加复杂，科研用户的信息行为也出现了新的特点：获取信息的方式更加多样；信息需求更加系统、完整、明确；信息内容要求高、专深②。彭骏利用在线问卷调查工具对中美医学研究者与科研信息行为相关的信息获取、信息资源、信息素养、信息利用习惯和对图书馆服务的评价等因素进行了调查，对比了两者科研信息行为的特征和异同点③。胡昌平等人对高校科研人员（教师、硕士研究生、博士研究生）的信息获取和利用行为进行调研，科研人员的信息查寻行为不仅对查准率有所要求，而且还需要通过信息查寻有效地解决任务和问题④。张静、李桂芳、路莹等人对药学科研人员信息行为特征的深入调查，指出科研人员的专业知识背景、检索费用、信息素养等都是影响药学科研人员信息行为的因素，有效管理、快速获取已经检索到的信息资源是科研人员面对的新问题⑤。曹霞等人对中科院科研人员标准信息需求与获取行为进行调查研究，总结了其信息需求和获取行为特征，并对面向科研创新

① 张晓林：《科研环境对信息服务的挑战》，《中国信息导报》2003 年第 9 期。

② 熊太纯、郭楠：《网络环境下科研用户的信息行为与服务模式》，《图书馆学刊》2006 年第 1 期。

③ 彭骏：《中美医学研究者科研信息行为的比较研究》，《图书情报知识》2012 年第 5 期。

④ 胡昌平、贺娜、张俊娥：《网络环境下高校科研人员信息查询行为的调查与分析》，《情报理论与实践》2008 年第 2 期。

⑤ 张静、黄文龙：《基于问卷调查分析的药学科研人员文献信息资源需求与行为特征》，《图书情报工作》增刊 2010 年第 1 期；李桂芳、公惠玲、赵琼等：《基于用户信息需求和信息行为的医学院校药学信息资源建设研究》，《医学信息学杂志》2012 年第 12 期；路莹、黄文、苏叶：《数字环境下的医学科研信息行为》，《中华医学图书情报杂志》2013 年第 10 期。

的标准信息保障模式的构建进行了初步探讨①。李晓东等人通过抽样问卷调查分析了不同学科（工科、社科、理科、人文）教师和学生信息需求、信息查询与利用的情况②。沙勇忠等人采用网络计量工具对中科院信息中心网站的网络日志文件进行了分析，对关于科研人员信息行为的具体量化指标进行了分析，从而发现并总结了网络环境下科研人员的信息行为特征，为学术信息服务的优化提供了理论依据③。丁韧通过对高校学生进行场景模拟实验，从用户社会组织背景、用户情感、用户知识结构、搜索任务、信息对象、检索工具六大维度出发，探讨影响用户网络信息搜索行为的相关因素④。包冬梅等人以 OCLC 的"学术科研信息工作框架模型"为基本研究框架，采用问卷调查和访谈的相结合的方法对数字信息环境下学术科研人员的科研信息行为（信息查找、存取、组织、阅读利用、写作和学术成果分享等活动和行为）和需求的特点与现状展开调研和分析，以期为科学定位个人科研信息空间的功能框架和探索研究图书馆资源建设和服务提供实证指导依据⑤。陈春通过对科研人员采用深度访谈的方式，对科研过程及科研用户信息需求特征进行了调查分析⑥。田立忠等人使用关键事件和扎根理论的分析手段，对科研人员信息偶遇的影响因素进行了调查分析，研究结果表明：个人、情境和信息是促进偶遇发生的主要影响因素，其中广泛阅览型用户将更多地

① 曹霞、吴新年、马建玲：《科研用户标准信息需求及获取行为调查分析》，《图书与情报》2010 年第 4 期。
② 李晓东、刘素清、肖珑：《高校研究人员学术信息资源利用及信息查寻行为的调查与分析——以北京大学图书馆用户调查为例》，《数字图书馆论坛》2009 年第 1 期。
③ 沙勇忠、阎劲、苏云：《网络环境下科研人员的信息行为分析》，《情报科学》2004 年第 4 期。
④ 丁韧：《网络信息搜索行为影响因素研究：基于高校学生的实证》，《图书情报工作》2012 第 6 期。
⑤ 包冬梅、范颖捷、邱君瑞：《"学术科研人员科研信息行为与需求"调查分析》，《数字图书馆论坛》2012 年第 5 期。
⑥ 陈春：《科技图书馆面向科研用户的知识服务研究》，硕士学位论文，兰州大学，2010。

体会到信息偶遇①。在线社交网络是未来科学交流的重要平台，科研信息服务系统的社交化是目前发展的一个重要趋势，张耀坤等人归纳总结了科研人员在线社交网络使用行为研究现状，对科研人员在线社交网络使用动机、内容创建和获取行为特征、科研人员的群体行为等进行主题归纳研究②。李文文等人应用扎根理论方法对科研人员信息行为研究相关的实证研究文献进行分析比较，研究发现不同学科领域科研人员信息行为存在差异，人文社会科学领域的科研人员学术交流和合作较少，而自然科学领域科研人员对数据依赖较大，科学数据管理和共享意识也较强③。

（3）科研人员信息行为影响因素及其模型

信息行为模型是对用户信息需求、用户信息查询和用户信息检索等行为过程进行简化描述而形成的，模型对具体行为的影响因素和表现形式进行了分析，是进行用户信息行为研究的重要理论基础④。最早的科研人员信息行为体系模型是由埃利斯（David Ellis）等构建的，1989 年埃利斯构建了社会科学研究人员的信息搜寻行为模型，1993 年又构建了一个化学、物理学科研人员信息行为模型，通过比较发现社会科学行为模型和自然科学行为模型的不同，最终构建了针对所有科研人员的信息搜寻行为，主要包括八个类别的行为：开始、链接、浏览、区分、跟踪、采集、核实和结束⑤。甘利人等人在 Wilson 模型、Kuhlthau 模型等基础上，针对学术型用户的特点构建影响科技数据库网站用户信息搜索行为因素模型，将用户的

---

① 田立忠、俞碧飚：《科研人员信息偶遇的影响因素研究》，《情报科学》2013 年第 4 期。

② 张耀坤、胡方丹、刘继云：《科研人员在线社交网络使用行为研究综述》，《图书情报工作》2016 年第 3 期。

③ 李文文、成颖：《科研人员信息行为分析及其对图书馆个性化科研服务的启示》，《情报科学》2017 年第 1 期。

④ 乔欢：《信息行为学》，北京师范大学出版社，2010，第 71 页。

⑤ Ellis D., Cox Dand Hall K., "A comparison of the information seeking patterns of researchers in the physical and social sciences," *Journal of Documentation* 49 (1993): 356 – 369.

实际搜索行为过程总结为"任务驱动—信息源选择—概念、检索式及检索方式选择—浏览与反馈选择—信息提取"的循环往复过程[①]。

随着互联网的普及和网上资源的日益丰富，网络环境下用户信息行为的研究已成为新的热点，影响用户信息行为的因素有外部环境、情境和内部个体认知、情感层面。高丽等人认为影响科研用户信息行为的因素有：①科研人员的知识结构、水平会进一步影响用户对信息的选择、吸收和对信息的具体利用；②外部环境中信息资源数量的增大会耗费科研人员鉴别、选择和过滤信息的精力，产生信息管理疲倦从而降低了用户对信息的利用率；③信息管理工具的易用性也会对科研人员对信息的利用和管理产生影响[②]。甘利人等人根据科技数据库网站和用户的特征，提出了以用户、环境和系统为框架的信息搜索行为的影响因素模型，从用户、系统和环境三个角度对影响信息搜索行为的因素进行分析[③]。宋剑祥指出影响高校教学和科研人员的信息需求行为的因素包括个体的、社会的、自然的、信息检索系统及服务方面的因素[④]。乔欢指出影响社会科学家信息行为的主要因素有：信息的可获取性、易得性、质量、成本、使用的难易程度，使用者的资质、经验、专长、受教育水平、职业和主观印象、项目进展阶段以及物理、社会、政治和经济环境等因素[⑤]。王伟等人通过非结构式访谈和质性扎根理论的研究方法，对科研人员信息查寻行为影响因素进行了探索性的研究。结果发现个体因素、查寻任务和情境因素这三大类属对科研人员信息查寻行为存在显著影响，并在此基础上构建了科研人员的信息查寻行为影响因素模型

---

① 甘利人、岑咏华、李恒：《基于三阶段过程的信息搜索影响因素分析》，《图书情报工作》2007 年第 2 期。

② 高丽、宋利敏：《基于电子期刊的网络特性实现对用户信息行为的定性分析》，《图书馆学研究》2013 年第 22 期。

③ 甘利人、岑咏华：《科技用户信息搜索行为影响因素研究》，《情报理论与实践》2007 年第 2 期。

④ 宋剑祥：《图书馆核心价值及其实现策略》，中国书籍出版社，2012，第 49 页。

⑤ 乔欢：《信息行为学》，北京师范大学出版社，2010，第 137 页。

个体—客体—行为模型①。张耀坤等人调查了 2013 年和 2014 年长江学者在 Research Gate、Mendeley、Academia 和学术圈四个学术社交网的基本数据，研究发现学科领域差异是影响科研人员信息行为的关键性要素，理学、工学和医学相比人文社会科学的使用行为频率高②。

1.2　研究内容和框架

随着数字化学术科研时代的到来，科研人员如何对获取的繁杂的信息资源进行有效的组织和管理，以便学术科研活动的顺利开展，从而不断提升自身的学术创新能力和竞争力显得尤为重要。有效的信息组织能够极大地提高科研人员的学习、工作效率，促进信息更加充分的利用，从而提升科研人员的知识创新能力。了解科研人员学术信息管理行为是设计有效的个人学术信息管理工具和开展高效的信息服务的前提。本书研究的主要目标有三个：①访谈并定性分析影响科研人员个人学术信息管理行为的因素；②构建并验证科研人员个人学术信息管理行为影响因素模型；③在定性和定量数据分析结果的基础上为个人学术信息管理工具的构建提供相应的意见和建议。

笔者坚持规范化分析和实证研究相结合的原则，首先在文献综述回顾的基础上，总结过去研究的侧重点和不足之处，从而形成研究思路和侧重点。通过深度访谈研究，进一步对科研人员个人学术管理行为特征和影响因素进行深入了解并构建理论模型。其次在问卷调研的基础上对科研人员进行大规模样本调查，利用 SPSS、A-MOS 等软件工具验证模型和假设的合理性。最后得出本研究的结论，

---

① 王伟、王沙骋：《基于扎根理论的科研人员信息查寻行为影响因素研究》，《情报理论与实践》2013 年第 12 期。

② 张耀坤、张维嘉、胡方丹：《中国高影响力学者对学术社交网站的使用行为调查——以教育部长江学者为例》，《情报资料工作》2017 年第 3 期。

并指出研究结果的学术价值和实践意义。

本书的研究框架主要包括四个部分：提出问题、分析问题、解决问题和应用问题。绪论"提出问题"，本书的研究问题为：科研人员个人学术信息管理行为的特点和影响因素是什么？科研人员个人学术信息管理行为的研究如何应用于实践？第2、3、4章"分析问题"，主要分析了：哪些相关的研究可以借鉴、科研人员个人学术信息管理行为如何界定以及构成要素和类型都有哪些。第5、6、7、8章"解决问题"主要分为半结构化访谈调研分析和问卷调研分析。第9章"应用问题"，提出设计面向科研人员的个人学术信息管理工具的思路。本书具体的技术路线如图1-1所示。全书分为九章。

本书的第1章是绪论，主要介绍选题的背景和意义，对目前科研人员学术信息管理行为的研究现状进行系统梳理，进一步阐明本研究内容、思路、方法和研究特色。

本书的第2章是个人信息管理概述，系统地对个人信息管理所涉及的个人信息进行定义和区分，详细阐述了个人信息管理的演变历程，对个人信息管理国际研讨会基本情况进行梳理介绍，并进一步对国内外个人信息管理行为的研究进展进行论述，从而引出本课题研究的切入点。

本书的第3章是个人学术信息管理行为相关理论基础，该章系统地阐述了归因理论、质的研究与扎根理论、行为理论和信息行为模型。根据归因理论分析影响科研人员个人学术信息管理行为的内在因素和外在因素，扎根理论用于对科研人员深度访谈资料的分析和编码，从而建构理论模型，行为理论和信息行为模型为科研人员个人学术信息管理行为影响因素模型的构建奠定理论基础。

本书的第4章为科研人员个人学术信息管理行为的相关概念，详细地论述了科研人员学术信息行为和个人学术信息管理行为的相关概念，从而奠定本研究所涉及的基本概念。

本书的第5章和第6章基于扎根理论研究方法对科研人员个人

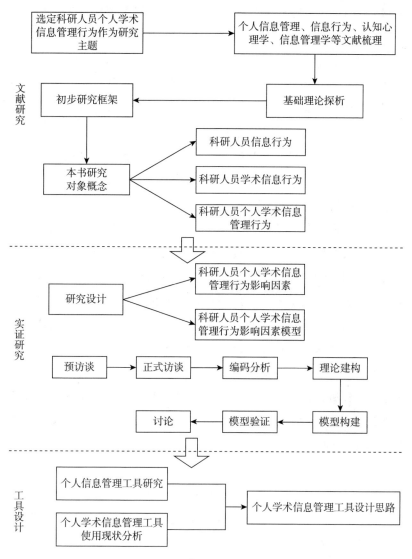

图 1-1　本书采用的技术路线

学术信息管理行为影响因素进行分析和理论建构。第 5 章主要是阐述了基于扎根理论的研究程序和研究设计，对深度访谈形成的文字资料进行开放式编码、主轴编码和选择式编码。本书的第 6 章通过分析访谈资料进行理论建构，将前文选择式编码形成的思想整合为一个完整的理论，建构了科研人员个人学术信息管理行为影响因素理论构架，从个人因素、情境因素、信息因素、个人态度四个层面进行详细的阐释。

本书的第 7 章和第 8 章从实证研究的角度对科研人员个人信息管理行为影响因素概念模型的构建与验证。为了构建更加合理的模型，以便对科研人员个人学术信息管理行为进行更精确的测量和分析，第 7 章在已有文献的基础上结合前文的定性研究结论进一步构建科研人员个人学术信息管理行为影响因素模型，提出理论假设，并进一步明确各潜变量及其之间的关系。

本书的第 8 章通过设计变量操作性测量问项和预调研从而形成本研究正式的调研问卷，通过问卷调查收集总样本 276 份进行实证研究，使用 SPSS 19.0 和 AMOS 17.0 对概念模型的信度、效度进行检验，并对概念模型中提出的假设进行验证并进行讨论说明，对变量之间的关系及其路径系数进行分析和讨论，以便从中发现影响科研人员个人学术信息管理行为的关键因素。

本书的第 9 章对目前科研人员使用个人学术信息管理工具的现状进行了分析，并在定性定量研究结论的基础上提出了面向科研人员个人学术信息管理工具的设计思路，对于后续的工具设计开发和推广具有一定的指导意义。

1.3 研究方法与特色

本研究涉及情报学、信息资源管理、心理学、行为科学等多个学科，具有理论与实证研究相结合的特点，在具体的研究过程中主要采用了以下几种方法。

（1）文献研究法：该方法主要用于对国内外已有的研究成果进行进一步的梳理与分析，为本研究的理论提出、论述展开和深入探讨提供文献、理论的支持，为本书的实证研究部分提供相关论据。主要使用 Endnote 和 Noteexpress 等文献检索与管理工具辅助实现文献调研工作。

（2）半结构访谈法：半结构化访谈是在涵盖访谈主题提纲的基础上，进而得到受访者对其中问题的解释和反馈。半结构访谈是质的研究中常用的一种访谈方式，与严格规定程序的结构式访谈相比，为研究人员提供了随机应变的空间，能够提供更多、更深入的信息。本研究主要采用半结构化访谈法对科研人员进行面对面的包含开放性问题的半结构化访谈，访谈时间为 40—60 分钟，在参与者允许的情况下对访谈过程进行录音，并将录音转换为文本文件。

（3）扎根理论：扎根理论是一种运用体系化的研究程序，通过对某一种现象进行总结归纳并引出理论的质的研究方法。主要是在经验材料的基础上进行理论建构，在研究开始之前研究人员不会提出任何理论假设，而是需要从原始材料中提取概念和范畴，并进一步上升到理论层次，是一种从下而上构建理论的方法。对扎根理论来说，资料必须经过消化、整理、比较，也就是编码，编码这一分析过程连接了收集资料与发展理论两个研究过程，编码的基本原则在于对资料进行持续的比较，从中撷取主题、建立范畴，从而帮助研究者提炼出"接近真实世界、内容丰富、综合完整、具解释力的理论"。本研究通过对访谈资料的分析和编码，构建科研人员个人学术信息管理行为模型及其主要影响因素，为后面模型验证提供理论支撑。

（4）问卷调查法与统计分析法：根据本研究构建的科研人员个人学术信息管理行为模型及其影响因素设计问卷进行大规模调查，通过纸质和电子问卷的形式搜集数据，为后期统计分析和测量奠定数据基础。利用探索性因子分析与验证性因子分析技术对问卷调查所得数据进行分析，从而检验并修正所提出的假设模型。对行为影响因素进行分析，揭示影响因素与行为意向之间的关系。本研究主要利用 SPSS 19.0 和 AMOS 7.0 对模型进行相关操作分析。

本书的研究特色主要包括以下两个方面。第一，梳理、完善了个人信息管理行为相关理论，从综合视角来考察科研人员个人学术信息管理行为。本研究涉及了信息管理、认知心理学、信息行为学等交叉学科的理论与知识，进一步完善了个人信息管理行为理论研究。第二，研究方法选择上将半结构化访谈、扎根理论与问卷调研结合起来，采用定性与定量研究方法相结合的混合研究方法，能更好地建构和理解研究问题，在一定程度上能弥补社会学调研和访谈方法的单一性和主观性，从而提升研究的价值和意义。

第 2 章　个人信息管理概述

2.1　个人信息空间

目前，随着互联网的发展，人们对于信息资源的存储、访问等出现了新的特点，如何在网络环境存储、组织个人信息是个人信息管理面临的一个关键问题，个人信息空间（Personal Space of Information，PSI）研究的就是如何将接触到的各种信息进行分析、保存，在需要时快速找到所需信息，个人信息空间负责管理与维护个人信息，通过对个人信息的有效索引，支持对信息的查找操作和共享操作。个人信息空间作为个人信息管理的一个研究分支从 2005 年起才开始引起国外学术界的关注，随着个人拥有信息的迅速增长，个人信息空间中的信息存储和管理问题变得更加突出。个人信息空间是指个人能够控制的或名义上能够控制的所有信息单元的集合，不仅包括个人的书籍、纸质文档、电子文档和存储在不同计算机中的个人所有文件，而且还包括网页的链接，包括为了获取、存储、检索和使用空间中的信息而使用的应用程序、工具（如搜索引擎），以及将各种形式的文件夹和信息联系起来的程序架构。随着用户工作和活动的变化，个人信息空间中与之相关的信息也会发生不断的积累和更新。

琼斯（William Jones）在《寻找需要的信息》（*Keeping Found Things Found*）一书中将个人信息分为以下六种[①]。（见表 2 – 1）

---

① Jones W. , *Keeping Found things Found—The Study and Practice of Personal Information Management*（Burlington：Morgan Kaufmann Publishers, 2007）.

（1）个人拥有或控制的信息。由个人直接或间接保存起来以备个人使用的信息，包括电子邮件、个人电脑硬盘内的文件、传统办公柜或桌面的纸质文件。虽然信息名义上是由个人所控制，但部分信息的所有权仍然存在争议，如在公司工作或与他人合作的情况下，信息所有权往往不清晰。

（2）关于个人的信息，但由其他人控制或保存，这类信息包括医生和健康组织所保存的个人信息，或税务和征信机构保存的信息。

（3）指向个人的信息。这类个人信息包括收件箱的电子邮件和新邮件送达的弹出通知，个人电脑通知、浏览网页、电视或收音机的推送广告和电话铃声。信息本身可能与个人无关，但是指向性信息对个人是具有潜在影响的，它可能会分散个人注意力，浪费时间和金钱，改变个人原有的行为。

（4）由个人发送、邮寄或提供的信息。人们经常试图控制自己发出的信息会由何人或者何时被看到，电子邮件可以实现这一目的，

（5）个人偶遇的信息，其中一些是在个人控制之下的信息，但大多数信息往往不受个人的控制，如图书馆中个人浏览的书籍信息或是曾经浏览的网页信息。这类个人信息尤为重要，人们不能全部保存所有信息，因此在未来需要时如何进行信息再现就成为个人信息管理面临的最大挑战。

（6）与个人相关或有用的信息，这类信息包括了个人控制的部分信息、个人偶遇的信息和从未见过的新信息，还可能包括大量对个人或家庭无用的垃圾信息，因此如何通过合适的过滤机制对信息进行筛选在信息爆炸的今天也尤为重要。

表 2 - 1　个人信息的类型

个人信息的类型	实例	现存的问题
个人拥有或控制的信息	个人电脑中的文件，邮箱中的电子邮件	个人信息安全、信息备份、电脑病毒等
关于个人的信息	医疗病例，图书馆借阅记录、网络浏览痕迹	个人隐私、信息更新、信息消失

续表

个人信息的类型	实例	现存的问题
个人偶遇的信息	曾在网络上看过的网页，图书馆看过的书籍	如何在未来需要时进行信息再现
指向个人的信息	电脑弹出的窗口、网页广告	会造成人们时间、金钱和精力的浪费
由个人发送、邮寄或提供的信息	瞬时信息，个人博客或主页，电子邮件	信息质量控制
与个人相关或有用的信息	售房信息、求职信息	垃圾信息过滤

　　本书的个人信息是指有关个人的，并且能为个人所拥有或控制的信息，个人可以随时对信息进行增加、删除、修改和更新的操作。随着互联网信息技术的发展，个人拥有的数字信息占全部信息的比重不断增加，因此本书的研究重点是个人数字化信息。

2.2　个人信息管理的演变历程

　　随着现代信息技术的出现、发展和广泛应用，人类进入了依赖于物质、能量和信息的信息社会，信息与物质、能量一样并称为当代社会的三大支柱性资源，人们随之而来面临的问题就是如何从数量巨大、种类繁多的信息中找到所需信息。威尔逊（Thomas D. Wilson）指出信息管理是运用管理原则来获取、组织、控制、传播和使用信息使组织达到最有效的运作[①]。马费成教授指出信息管理的实质就是人类综合采用技术的、经济的、政策的、法律的、人文的方法和手段对非正规渠道和正规渠道的信息流进行控制，有效地提高人们对信息的利用，从而最大化实现信息价值的活动[②]。沃尔曼（Richard Saul Wurman）认为网络时代的组织结构和内容同等重要，

[①]　Wilson T. D. , "Models in information behaviour research," *Journal of Documentation* 55 (1999): 249 – 270.

[②]　马费成等:《信息管理学基础》, 武汉大学出版社, 2002, 第 35 页。

他指出查询、筛选、分类、组织和标注信息比创建信息本身更重要①。计算机设备存储能力的提升和网络资源的迅速存取给用户带来信息过载的风险，并且也对用户组织和管理信息提出挑战，如何在网络环境下有效地组织个人信息以便日后查找是个人信息管理面临的一个重要问题。个人信息管理主要是对信息进行分类以便日后的记忆查找，人类大脑中的信息检索过程和文件归档或是图书馆系统有本质上的不同，主要是通过信息的含义而不是信息所在的位置进行查找②。信息管理从管理主体的范围可以分为微观层次的信息管理和宏观层次的信息管理。微观信息管理指的是个体层面的信息管理，包括个人信息管理和组织层面的信息管理，包括专业性信息组织的信息管理和非专业性信息组织内部的信息管理；宏观信息管理是指整体层次上的信息管理，主要是指区域、国家、国际范围的信息管理。个人信息管理主要是指个人为了满足自身工作、学习和生活的需要，利用各种高效的工具和方法对涉及个人信息活动过程的要素实施的组织、维护等活动，包括个人信息保存、个人信息安全、个人图片、音频和视频等的管理。信息管理的各个层次之间都具有一定的关系，个人信息管理是信息内容管理的源头。组织（企业、学校、政府机构等）信息管理是信息资源管理的源头。社会信息管理，包括传统信息管理专业和学科，如图书馆、档案馆、博物馆等是长期以来的研究重点③。

个人信息管理是一个有着古老根源的新的研究领域，与目前信息技术和网络技术的不断发展具有紧密的关系，它的理想状态是人们能在恰当的时间、地点拥有正确的信息满足当前的需求，从而解决信息分散带给我们的困扰。随着信息技术的发展和现代社会对信

---

① Richard Saul Wurman：《信息饥渴——信息选取、表达与透析》，李银胜等译，电子工业出版社，2001，第15页。

② Lansdale M. W.，"The psychology of personal information management," *Applied Ergonomics* 19（1998）：55 – 66.

③ 谢阳群：《关于信息管理》，《图书情报工作》2011年第4期。

息需求的增长，根据生命周期理论对其演变历程划分，可以将个人信息管理划分为三个阶段。

（1）萌芽阶段（19 世纪初期至 20 世纪中期）

当口语而不是书面语处在社会发展的支配地位时，人类记忆成为信息保存的主要方式，各种各样的助记方法成为当时信息管理的主要手段而应用于人类的记忆当中，当时的人们已经有了进行信息管理的意识。19 世纪纸质文件信息量的增加，给管理相关文件带来了一定的困难，为了支持基于文件的信息管理，人们设计了文件档案柜进行文件夹的管理，最早的文件档案柜出现于 1884 年，它被广泛应用于铁路、法律等部门，成为管理纸质文件的重要工具，此时的人们已经开始将个人信息管理的意识应用于实践。现代意义上的个人信息管理的思想最早是由布什（Vannevar Bush）在 1945 年发表的文章《诚如所需》（"As we may think"）中首次提出的，在这篇文章中，布什提出了与今天的个人信息管理思想具有密切联系的 Memex 一词，它作为一种智能信息工具，能够记录所有书籍、唱片和各种交流信息，能够快速、自动、灵活地帮助人们找到所需要的信息[1]。

（2）成长阶段（20 世纪中期至 21 世纪初期）

20 世纪五六十年代随着电脑使用的日益盛行，电脑为代替人们处理信息和解决问题提供可能，1956 年纽维尔（Allen Newell）和西蒙（Herbert A. Simon）发表了论文《逻辑理论机》，编写了历史上第一个模拟人类解决问题的计算机程序，是世界上第一个成功的人工智能系统，提出将电脑的使用作为模拟人类进行信息处理的工具，利用电脑更好地帮助人们进行思考和有效地处理个人信息[2]。此时的个人信息管理已由单纯的理论发展到有相应技术支持的实践中，信息技术和计算机的出现为个人信息管理的发展带来新的契机。而作为学科术语的个人信息管理一词则 1988 年才开始出现，这一年兰斯

---

[1] Bush V., "As we may think," *The Atlantic Monthly* 176 (1945): 101 – 108.

[2] Newell A. and Simon H., "The logic theory machine: A complex information processing system," *IRE Transactions on Information Theory* 2 (1956): 61 – 79.

代尔（Mark W. Lansdale）在《人体工程学》杂志上发表的"个人信息管理的心理学"一文中正式使用了"Personal Information Management"一词，其背景是这个时期个人电脑获得了较快发展，这引起人们对运用它来提高人类处理和管理信息的能力进行了广泛探讨①。同时这一时期的文章也涉及"PIM 工具"，这些工具能够为管理信息提供有限的支持，例如安排会议日程、制作任务清单、记录联系人电话和地址等。

（3）快速发展阶段（21 世纪初期至今）

进入 21 世纪以后，随着科学技术和经济的快速发展，全球经济一体化的不断推进，人类社会步入信息社会，面对复杂的信息社会，特别是信息过载与信息不足的并存，信息负担日益加重，个人信息管理作为节省时间、提高学习效率和办事效率的方式进入了快速发展阶段，成为国内外信息管理界关注的热点，国外已经召开七次个人信息管理的国际大会，与会专家讨论并发表了一些有价值的研究成果，对移动环境下和社会网络化世界中的个人信息管理问题进行了探讨，涉及个人信息管理的众多领域。个人信息管理研究可以分为理论研究和实践研究两个主要问题。个人信息管理基础理论研究内容主要包括：个人信息空间和整合，个体信息差异、个人健康信息管理、个人信息心理和行为，个人数字记忆，个人信息安全、隐私及信用信息管理，群体信息行为和管理，个人信息管理的方法、技术、过程和评价等。个人信息管理实践研究内容包括：个人信息管理软件和工具的开发设计，个人文档、邮件等信息的管理，个人信息管理的具体解决方案，移动环境下的个人信息管理等②。目前，国外有相当多的学者认为个人信息管理是个人为了满足日后检索到所需信息而对个人所有的信息进行的一系列的交互操作，包括输入、

---

① Lansdale M. W., "The psychology of personal information management," *Applied Ergonomics* 19（1998）：55 - 66.

② 谢笑、谢阳群、李晶：《关于个人信息管理的若干探讨》，《情报科学》2014 年第 1 期。

存储（组织）和输出。这个定义强调的只是个人信息管理中的一个方面。其实，从字面来看应该具有两方面的含义，即"P＋IM"和"PI＋M"，前者强调的是以个人为主体开展信息管理活动，是和部门、组织、国家等层次的信息管理相对应的，当然管理的对象则未必是严格意义上的个人信息；而后者则把重点放在个人信息的管理上，这也是当前该领域研究的主流。目前个人信息管理正向网络化、共享化、移动化方向发展，如何在移动环境下有效地组织和管理个人信息，以及大数据时代个人信息隐私问题是未来个人信息管理的发展方向。个人信息管理的研究分散在不同的学科中，如人机交互、认知心理学、人工智能、信息和个人知识管理、信息检索和信息科学等相关学科[1]。

　　个人信息管理与组织信息管理的区别如下。①管理内容不同。个人信息管理的管理内容是与个人工作、生活和学习相关的信息，强调的是个人对拥有信息的管理；组织信息管理针对的一般是某一领域或主题的信息集合。②信息组织方式不同。个人信息管理中，用户往往根据自己的需求和习惯对信息进行个性化组织；组织信息管理中一般是由专业机构中的工作人员如图书馆员针对信息的客观属性对信息进行收集、加工组织，使之有序化、便于快速检索并传递给特定的用户群体。③目标不同。对于信息服务机构而言信息管理的目标在于把信息资源输送给用户，以增加用户信息资源的量和质，满足用户的信息需求。个人信息管理的目标在于通过对信息进行有效的组织和分类，整合零散信息，建构个人知识平台，完善个人知识结构，从而提升信息价值、提高个人处理问题效率实现个人知识创新[2]。

---

[1]　占南：《大学生个人信息管理研究》，硕士学位论文，安徽大学，2012，第19—20页。

[2]　柯平、高洁：《信息管理概论》，科学出版社，2007，第382—384页。

2.3　国际个人信息管理专题研讨会概况

个人信息管理是人们在日常生活中进行获取、组织、维护和检索信息的实践和研究，信息时代人们对工作效率和生产效率有了更高的追求，如何更有效地利用有限的个人资源（如时间、金钱和精力）日渐受到人们的关注，个人信息管理这一研究领域也逐渐引起信息工作者的兴趣。关于这个领域的研究也呈现出跨学科的态势，包括人机交互、数据库管理、信息检索和人工智能等，而其中召开的七届个人信息管理专题研讨会最值得我们关注，本节将简要介绍这七次研讨会的情况，以期梳理国外个人信息管理研究发展的总体脉络。

学者们对个人信息管理问题的探讨引起了美国国家科学基金会（National Science Foundation，NSF）的关注，为了进一步推进个人信息管理研究的发展，NSF 为 2005 年 1 月 27—29 日在美国西雅图和华盛顿召开的首届个人信息管理研讨会提供资助。会议的组织者都是个人信息管理研究的拓荒者，包括 William Jones、Harry Bruce、Nicholas Belkin、Victoria Bellotti、Susan Dumais、Jonathan Grudin、Jacek Gwizdka、Alon Halevy、David Karger、David Levy、Manuel Perez-Quinones、Jef Raskin 等一批从事相关课题研究的学者[①]。会议召开的背景是在个人信息管理作为研究领域逐渐引起人们的注意，在合适的时间和地点获取所需信息是一种理想状态，人们需要对身边的信息进行有效的管理。此次会议主要是探讨个人信息管理中所面临的问题和机遇，探索个人信息管理的有效方法。研讨会的目标：①个人信息管理作为一个研究领域的本质内涵及要素；②有效的个人信息管理的本质特征和评估方法；③个人信息管理实施过程中面

---

① 　PIM Workshop，2005，Accessed February 1，2018，http：//pim. ischool. washington. edu/pim05home. htm.

临的关键问题和挑战以及应对方式；④建立个人信息管理领域研究
共同体。这次研讨会首次将个人信息管理研究的专家学者聚集在一
起，并编写了一份内容详尽的研究报告，为后续个人信息管理研讨
会的召开奠定了基础。报告界定了个人信息管理的相关概念，从研
究和实践两个方面对个人信息管理现状进行分析，指出完善个人信
息管理实践和推动相关研究面临的主要挑战，并对迎接挑战的方法
给出了具体的建议。PIM 2005 Workshop 是一次由个人信息管理领域
学者独立召开的，在培育个人信息管理研究共同体方面发挥着重要
的作用。由于这次会议取得了圆满成功，之后美国国家科学基金会
又资助并和美国计算机协会（ACM，Association for Computing Ma-
chinery）、美国情报科学与技术学会（ASIS&T，American Society for
Information Science and Technology）等联合召开了六次 PIM 研讨会，
每次会议都吸引了一批在特定领域从事个人信息管理研究的学者
参加。

　　第二届 PIM 研讨会于 2006 年 8 月 10—11 日在西雅图召开，是
国际信息检索大会 SIGIR 的组成部分。会议的主题是 "Now that
we're talking, what are we learning?"，与会专家认为个人信息管理的
研究已经在一些学科领域取得很好的成果，如数据管理、人机界面、
人工智能及信息检索，此次大会将致力于建设个人信息管理研究共
同体[1]。PIM 2006 Workshop 共收到会议论文 32 篇，论文内容涉及面
较广，针对个人信息管理中所涉及的具体问题进行了深入的研究，
涉及个人信息管理研究的众多领域，包括基本理论、信息保存、信
息组织和分类、信息隐私、邮件信息、信息提醒等众多研究课题，
即包括对基本概念和相关理论知识的研究，也包括针对特定应用需
求的研究。研讨会的目标：①审视目前个人信息管理的基本情况，
及其应包括哪些内容；②确立如何评价个人信息管理研究和实践进

---

[1]　PIM Workshop, 2006, Accessed February 1, 2018, http://pim. ischool. washington. edu/
pim06/index. htm.

步的标准；③重新探讨 PIM 2005 Workshop 中识别的关键问题和挑战；④明确应对上述挑战的有效方法；⑤探索更好的双向交流机会，帮助个人信息管理领域和信息检索领域研究者进行交流。信息检索技术可以帮助人们查找或再现信息，信息过滤技术可以帮助人们确定信息保存的具体位置。但是，个人信息管理的研究也可能对信息检索研究模式提出挑战。

第三届 PIM 研讨会于 2008 年 4 月 5—6 日在意大利的佛罗伦萨召开，是与美国计算机协会人机交互特殊兴趣小组（SIGCHI, Special Interest Group for Computer Human Interaction）联合举办的，吸引了从事与个人信息管理相关的人机交互研究的学者参加①。会议的主题是"正在消失的桌面"——传统的桌面计算机及桌面计算工作将成为历史，现在的人们不再依赖某一设备，而是会利用一切可以连接互联网的设备组织和管理信息，这使得个人信息管理面临新的机遇和挑战，因此会议特别关注由于移动和网络信息技术的快速发展所带来的机遇和挑战。研讨会的目标：①明确有效进行个人信息管理的方法；②探讨移动设备及基于网络信息处理技术的个人信息管理；③如何衡量个人信息管理的研究进展及实践；④探讨个人信息管理与人机交互研究人员进行交流的机会。会议的分组讨论共有三个基本课题：一是理解 PIM，包括如何在桌面之外管理个人信息、个人信息的组织和保存、查找和再现，个人信息管理应用的方法、个人信息管理研究的方法论；二是支持个人信息管理的工具和技术，包括移动和网络技术，个人信息整合和显示，查找和再现个人信息的工具，保存和组织个人信息的工具，评估个人信息管理工具的方法和方法论；三是宏观视野中的个人信息管理，包括群体信息管理，隐私与个人信息保护，公共部门和企业的个人信息安全、法律和政策，用于不同人群（如病人、老年人）、不同情况的个人信息管理。

---

① PIM Workshop, 2008, Accessed February 1, 2018, http://pim2008.ethz.ch/index.php.

从 PIM 2008 Workshop 接收的会议论文和相关研究课题可以看出个人信息管理研究趋势的变化，不仅关注宏观个人信息管理相关问题，而且在个人移动设备和信息网络技术发展的背景下关注技术和工具的发展。

第四届 PIM 国际研讨会于 2009 年 11 月 7—8 日在加拿大温哥华举行，与美国情报科学与技术学会 ASIS 联合举办，会议的主题是"个人信息交叉：当个人信息管理空间重叠时会发生什么"①。由于前三届 PIM Workshop 产生了广泛影响，个人信息管理作为一个研究领域吸引着越来越多的研究者的重视和参与，进一步的研究发现不同信息空间相互作用的交叉领域是个人信息管理领域中一个亟待解决的新问题。研讨会目标：①个人信息管理的分析与评估，如何调查和构建个人信息管理研究模型，如何衡量个人信息管理的实施情况；②个人信息管理的实施，人们通过何种方式、利用哪些工具来实施个人信息管理；③探讨个人信息管理的最佳实践。此次会议研讨的主要内容包括：服务于个人多角色的信息空间，服务于家庭、工作、娱乐等多用户的信息空间，任务与活动管理，个人隐私与个人信息安全，基于个人信息管理的组织战略和政策，群体信息管理，源于共享工作空间的社会问题和心理问题，个人信息管理领域的确切边界。

作为计算机支持协同工作 CSCW 2012 会议组成部分的第五届 PIM 国际研讨会于 2012 年 2 月 11—12 日在美国西雅图成功举办，由于社会网络化的趋势和影响日趋明显，因此"社会网络化世界中的个人信息管理"就成为本次会议的主题②。本次会议力图建立一个探讨各种个人信息管理相关的问题的论坛，使其成为从事该领域相关问题研究的人员的大型社区。会议重点关注的重点问题有：作为自我延伸的 PIM、用于合作环境的 PIM、个人信息共享等。具体的内

---

①　PIM Workshop，2009，Accessed February 1，2018，http://pimworkshop.org/2009/.

②　PIM Workshop，2012，Accessed February 1，2018，http://pimworkshop.org/2012/.

容涵盖三大方面：一是社会网络化世界中的 PIM，包括工作空间共享的社会问题和心理问题，服务于多用户的信息空间，群体信息管理，个人隐私与个人信息保护，个人信息的安全、法律和政策，PIM 领域的边界；二是理解 PIM 活动，包括个人信息的管理、组织和保存，个人信息的查找和再现，可传授和学习的 PIM 战略，PIM 领域工作和研究的方法；三是支持 PIM 的工具和技术，如网络 PIM 工具、移动 PIM 工具和桌面 PIM 工具，数据描述和个人信息的有机统一，帮助支持组织、保存、查找和再现个人信息的工具，用于评价 PIM 工具的具体方法。

　　第六届 PIM 国际研讨会于 2013 年 11 月 1 日在加拿大蒙特利尔举行，同美国情报科学与技术学会 ASIS 联合举办[①]。与之前几次会议不同的是，本届会议没有征集论文来讨论已有的研究结果，而是从 PIM 相关的各个学科领域征集研究计划，并组成研究小组在会议上对个人信息管理的研究现状进行讨论。本次会议主要讨论了两个主题：个人健康信息管理与电子文件的组织。个人健康信息对目前进行中的相关项目进行了讨论，主要包括：基于社区的慢性病信息管理研究——以密歇根弗林特市为例；澳大利亚糖尿病患者的自我护理实证样本研究；在线论坛 Patientslikeme. com 研究；中国患者论坛中的糖尿病讨论研究；多样化社会经济和文化环境下的信息技术作用研究——患者参与和患者不参与的信息技术比较。该小组还对个人健康信息管理中的理论与方法、存在的挑战与未来研究方向进行了讨论。另一个主题则是电子文件的管理，对电子文件的命名、文件副本的管理、文件的共享、参考文献的管理、电子邮件的管理、课程材料等文件的管理进行了讨论。

　　第七届 PIM 国际研讨会于 2016 年 5 月 7—8 日在美国圣何塞举行，是 2016 人机交互领域顶级会议（ACM CHI, the Top Conference for Human-Computer Interaction）的组成部分，本次会议的主题是

---

① PIM Workshop, 2013, Accessed February 1, 2018, http://pimworkshop. org/2013/.

"富有，贫穷，疾病或者健康……个人信息的长期管理"。[①] 在这个信息爆炸和过剩的时代，我们每天都会被大量信息所影响，人们也积累了大量的个人信息，这些信息为财富、健康、生活和遗产等方面提供分析和使用的机会，但是同时也会带来长时间管理信息的挑战。个人信息管理的研究越来越强调长期性，研讨会希望能吸引大批从事人机交互、个人数字档案、老龄化研究以及信息空间设计领域的专家学者，探讨长期信息存储的有关问题，存储的信息如何让一个人终身受益是研究的最终目的。PIM 2016 Workshop 共收到会议论文 15 篇，从研究内容上看既包括个人信息管理基本理论研究，也更加贴近人们现实生活的需要，探讨了诸如个人信息管理的元数据问题、长期个人信息管理的注意事项、信息碎片问题、智能个人健康数据长期管理、个人照片管理等，这也反映出个人信息管理研究发展的必然趋势，正在从基础性研究逐渐转向实践研究，针对当今信息时代的发展变化不断调整课题研究的方向。

2.4　个人信息管理行为

近几年来，个人信息管理专题研讨会连续召开，而且多个有影响力的期刊（*Journal of the Association for Information Science and Technology*、*Communications of the Acm*、*Annual Review of Information Science and Technology* 等）都相继发表了相关论文，越来越多来自人机交互、认知心理、信息行为等领域的学者进入了这个新兴领域。新媒体环境下个人信息管理的紧迫性和重要性越来越突出，为了提高个人信息管理的效率和效能，需要进一步研究其影响因素，而在这些因素中，行为至关重要地受到学者的广泛关注。国外关于个人信息管理行为的研究呈现主题与领域丰富性、观点和学科多元性、方法和工具多样性、理论与实践的融合性等特点。

---

① PIM Workshop, 2016, Accessed February 1, 2018, http://pimworkshop.org/2016/.

2.4.1　个人信息管理行为概述

巴罗（Deborah K. Barreau）将个人信息管理行为分成四个不同的过程：信息获取（Acquisition）、信息组织和存储（Organization and Storage）、信息维护（Maintenance，信息的备份、删除、更新和转移）、信息再现（Retrieval for Use）[①]。琼斯（William Jones）根据巴罗的定义从信息存储的角度指出个人信息管理的核心操作是输入—存储—输出，因此完整的个人信息管理行为主要包括三个过程：信息发现/再现行为（Finding/Re-finding Activities）、信息保存行为（Keeping Activities）、元层次行为（Meta-level Activities）。信息保存行为是指从信息到需求的行为，即个人对其所查寻到或遇到的信息作出的决定和行为，它直接影响了个人信息空间中信息的输入。所作出的决定包括：①忽略不相关信息；②忽略日后能找到的信息（通过咨询朋友、搜索网络或者其他的查找行为）；③在某一特殊的位置或者采取某种方式保存信息以确保日后能够利用这一信息。信息保存从更广泛意义上而言还包括信息渠道的保存，如信息订阅。信息发现/再现行为是指从需求到信息的行为，即从个人信息空间中查找到当前所需的信息的行为。元层次行为是个人信息管理行为的重要组成部分，是沟通需求与信息之间的桥梁，主要包括：①信息组织，对信息归入文件夹组织或进行标签组织进行思考；②信息维护，包括信息备份、更新和着眼于短期或者长期保存的格式转换；③隐私和信息流管理，对从用户发出的信息和从外界获得的具有指向性信息进行管理，在不被授权的情况下不能随便查阅用户的个人信息；④测量和评估，即对当前个人信息管理时间要素的利弊进行测量，并对可替代的方案进行评价；⑤有意义，可理解，需要知道

---

① Barreau D. K. , "Context as a factor in personal information management systems," *Journal of the American Society for Information Science* 46（1995）：327 – 339.

目前有哪些信息和这些信息应用的需求①。

　　个人信息管理行为是具有高度个人特质和情境化的行为，并且会随着时间而持续，主要特征如下。①因人而异。用户信息需求不同，其对信息的处理方式也各不相同。人们习惯于按照自己的偏好对个人信息进行管理，包括信息管理的策略、行为习惯和使用工具等。②因信息而异。个人信息管理研究对象主要是纸质文件、电子文件、电子邮件、网页，不同类型的信息管理采用的工具、应用程序和管理策略也不相同。③因时而异。个人信息本身就具有生命周期，随着时间的推移有些信息的价值会递减，需要定期对信息进行清理。而且用户认知能力也在随着时间而改变，其对信息的组织分类体系也会有所不同。

2.4.2　个人信息管理行为研究进展

　　进入 21 世纪以后，人类社会步入信息社会，个人信息管理作为节约时间和精力、提高学习和工作效率逐渐进入了快速发展阶段，成为国外信息管理界的关注的热点。快速发展的新技术和日新月异的移动设备的出现，使得人们的信息管理更加方便快捷，但同时也带来信息爆炸、分散和冗余等问题，移动环境下如何有效地组织和管理个人信息、个人信息长期保存等成为未来个人信息管理的研究方向。博格曼（Ofer Bergman）指出个人信息管理研究正在从探索性阶段向定量研究发展，随着个人信息管理重要性的日益凸显，个人信息管理行为研究也进入了新的发展时期②。

　　（1）个人信息管理行为研究对象增多，跨学科的特征更加明显

　　目前对国外文献调研发现对个人信息管理行为最早深入研究的是

①　Jones W., *Keeping Found Things Found—The Study and Practice of Personal Information Management* (Burlington: Morgan Kaufmann Publishers, 2007).

②　Bergman O., "Variables for personal information management research," *Aslib Proceeding* 65 (2013): 464 – 483.

1983 年马龙（Thomas W. Malone）对个人桌面文件组织的探讨[1]，随后麦基（Wendy E. Mackay）对办公室职员电子邮件的组织管理行为进行了调查研究[2]，邱（Christopher S. G. Khoo）等人调查研究人们对办公室硬盘中的电脑文件或文件夹的组织和搜索行为[3]。个人信息管理行为研究初期主要是面向办公室工作人员，对其日常纸质文件、电子文件和邮件的管理行为进行调研。近些年个人信息管理行为研究吸引了不同专业领域学者的关注，研究对象群体更为广泛，如科研人员[4]、知识工作者[5]、医护人员[6]、音乐爱好者[7]、赛车运动爱好者[8]、大学生[9]、教师[10]、

[1] Malone T. W., "How do people organize their desks?: Implications for the design of office information systems," *ACM Transactions on Information Systems* (*TOIS*) 1 (1983): 99 – 112.

[2] Mackay W. E., "More than just a communication system: Diversity in the use of electronic mail" (paper represented at the Proceedings of the 1988 ACM conference on Computer-supported cooperative work, Atlanta, Georgia, 1988), pp. 344 – 353.

[3] Khoo C. S. G. et al., "How users organize electronic files on their workstations in the office environment: A preliminary study of personal information organization behaviour," *Information Research* 12 (2006): 5.

[4] Mashael A. L. O. and Cox A. M., "Scholars' research-related personal information collections," *Aslib Journal of Information Management* 68 (2016): 155.

[5] Chaudhry A. S. and Al-Sughair L., "Personal information management practices in the Kuwaiti corporate sector," *Malaysian Journal of Library & Information Science* 20 (2015): 27 – 42.

[6] Bowman K., "Personal information management for nurses returning to school," *The Journal of Continuing Education in Nursing* 46 (2015): 557 – 561.

[7] Lorince J., Joseph K. and Todd P. M., "Analysis of music tagging and listening patterns: Do tags really function as retrieval aids?" (paper represented at theInternational Conference on Social Computing, Behavioral – Cultural Modeling, and Prediction, Washington DC, USA, March 2015), pp. 141 – 152.

[8] Joseph P. and Joseph P., "Australian motor sport enthusiasts' leisure information behaviour," *Journal of Documentation* 72 (2016): 1078 – 1113.

[9] Jacques J. and Fastrez P., "Personal information management competences: A case study of future college students" (paper represented at the International Conference on Human Interface and the Management of Information, Crete, Greece, June 2014), pp. 320 – 331.

[10] Diekema A. R. and Olsen M. W., "Teacher personal information management (PIM) practices: Finding, keeping, and Re-Finding information," *Journal of the Association for Information Science and Technology* 65 (2014): 2261 – 2277.

儿童[1]、图书馆员[2]等。

随着现代信息技术的发展，个人信息管理正向网络化、共享化、移动化方向发展，个人信息管理的研究也经历了纸质版个人信息管理、网络电子资源个人信息管理和移动环境下个人信息管理，周[3]，斯蒂法尼斯[4]，刘[5]等对移动信息环境下个人信息管理行为进行深入研究。近年来个人信息管理行为的研究不断呈现跨学科的特征。神经科学领域的学者研究了用户个人信息再现行为时大脑皮层的变化情况[6]；图书情报学领域学者研究图书馆员个人信息管理行为[7]；教育学领域学者研究儿童使用博客作为个人信息管理可以提高任务效率和自我效能[8]；计算机科学领域的学者研究个人文件搜索行为规律[9]。

---

[1]　Yeo H. I. and Lee Y. L. , "Exploring new potentials of blogs for learning: Can children use blogs for personal information management (PIM)?", *British Journal of Educational Technology* 45 (2014): 916 – 925.

[2]　Zhao X. et al. , "Searching desktop files based on synonym relationship," *Journal of Chinese Computer Systems* 35 (2014): 1971 – 1976.

[3]　Zhou L. , Mohammed A. S. and Zhang D. , "Mobile personal information management agent: Supporting natural language interface and application integration," *Information Processing & Management* 48 (2012): 23 – 31.

[4]　Stefanis V. et al. , "Frequency and recency context for the management and retrieval of personal information on mobile devices," *Pervasive and Mobile Computing* 15 (2014): 100 – 112.

[5]　Liu Z. , Quan Y. and Lu L. , "Decentralized mobile SNS architecture and its personal information management mechanism," *China Communications* 13 (2016): 189 – 199.

[6]　Benn Y. et al. , "Navigating through digital folders uses the same brain structures as real world navigation," *Scientific Reports* 5 (2015): 14719.

[7]　Fourie I. , "Librarians alert: How can we exploit what is happening with personal information management (PIM), reference management and related issues?", *Library Hi Tech* 29 (2011): 550 – 556.

[8]　Yeo H. I. and Lee Y. L. , "Exploring new potentials of blogs for learning: Can children use blogs for personal information management (PIM)?", *British Journal of Educational Technology* 45 (2014): 916 – 925.

[9]　Zhao X. et al. , "Searching Desktop Files Based on Synonym Relationship," *Journal of Chinese Computer Systems* 35 (2014): 1971 – 1976.

（2）个人信息管理行为研究内容丰富

探讨个人信息管理行为都具体应包括哪些内容。兰斯代尔（Mark W. Lansdale）最早提出个人信息管理行为是在日常生活中处理、分类和检索信息的活动[1]，随后学者们从用户的角度指出个人信息管理行为的特征有习惯性、目的性、经济性、媒介性、任务性、情境性和时间性等特征，其类型包括信息发现/再现行为（Finding/Re-finding Activities）、信息保存行为（Keeping Activities）、元层次行为（Meta-level Activities），并对每种行为进行了具体的界定。此外国外学者还对特定群体（如高校学生、医护人员、图书馆员等）个人信息管理行为的内涵、特征和类型进行论述。

马龙（Thomas W. Malone）最早对个人信息管理行为进行深入研究，通过对办公室职员个人桌面文件组织的研究，将其纸质文件管理行为归纳为"file"文件归档和"pile"文件堆放，"file"是将个人信息集合按照一定的分类原则进行管理，如按字母或时间顺序排列；而"pile"所涉及的个人信息通常是不易被标记和分类的逻辑性较弱的信息，没有特别的分类顺序，但通过"pile"管理的个人信息在物理空间环境下更易查找[2]。随着信息网络技术的发展，大数据时代的到来，信息过载和信息不足并存、信息冗余不断累积，学者们从不同的具体行为进行研究，主要研究内容包括：①个人信息存储和组织行为研究，主要从个人信息偶遇行为[3]、不同载体（电子邮件、文件、网络书签等）的个人信息存储和组织行

---

[1] Lansdale M. W., "The psychology of personal information management," *Applied Ergonomics* 19 (1998): 55-66.

[2] Malone T. W., "How do people organize their desks?: Implications for the design of office information systems," *ACM Transactions on Information Systems* (*TOIS*) 1 (1983): 99-112.

[3] Stewart K. N. and Basic J., "Information encountering and management in information literacy instruction of undergraduate students," *International Journal of Information Management* 34 (2014); Marshall, Catherine C., and Jones W., "Keeping encountered information," *Communications of the ACM* 49 (2006).

为①、用户个人信息组织行为习惯②、社会化媒体环境下用户个人信息标签组织行为③展开具体研究；②个人信息查找和再现行为，Bush最早对个人信息查找行为构建了智能信息工具原型，随后学者们从不同的角度对个人信息再现行为进行研究发现用户更倾向于通过文件层次导航而不是构造检索查找个人信息④。这些围绕基本问题的探

① Whittaker S. and Sidner C. , "Email overload: Exploring personal information manage-ment of email" (paper represented at the Proceedings of the SIGCHI conference on Hu-man factors in computing systems, Vancouver, BC, Canada, 1996); Boardman R. and Sasse M. A. , "Stuff goes into the computer and doesn't come out: A cross-tool study of personal information management" (paper represented at the Proceedings of the SIGCHI conference on Human factors in computing systems, Vienna, Austria, 2004); Hardof-Jaffe S. et al. , "How do students organize personal information spaces?" *International Working Group on Educational Data Mining* 10 (2009); Whitham R. and Cruickshank L. , "The function and future of the folder," *Interacting with Computers* 29 (2017).

② Jones W. et al. , "Don't take my folders away!: Organizing personal information to get things done" (paper represented at the CHI'05 extended abstracts on Human factors in computing systems, Portland, USA, 2005); Bergman O. , "Variables for personal infor-mation management research," *Aslib Proceedings* 65 (2013).

③ Civan A. et al. , "Better to organize personal information by folders or by tags?: The dev-il is in the details," *Proceedings of the American Society for Information Science and Tech-nology* 45 (2008); Voit K. , Andrews K. and Slany W. , "Tagging might not be slower than filing in folders" (paper represented at the CHI'12 Extended Abstracts on Human Factors in Computing Systems, Austin, TEXAS, 2012); Lorince J. , Joseph K. and Todd P. M. , "Analysis of music tagging and listening patterns: Do tags really function as retrieval aids?" (paper represented at the Social Computing, Behavioral-Cultural Model-ing and Prediction Conference, Washington, D. C, USA, March 2015).

④ Barreau D. and Nardi B. A. , "Finding and reminding: File organization from the desk-top," *ACM SigChi Bulletin* 27 (1995); Jones W. , Bruce H. and Dumais S. , "How do people get back to information on the web? How can they do it better?" *Accessed De-cember* 16, 2017, http://research. microsoft. com/en-us/um/people/sdumais/KFTF-In-teract2003. pdf; Khoo C. S. G. et al. , "How users organize electronic files on their workstations in the office environment: A preliminary study of personal information organi-zation behaviour," *Information Research* 12 (2006); Bergman O. et al. , "Improved search engines and navigation preference in personal information management," *ACM Transactions on Information Systems* 26 (2008); Bergman O. , "Variables for personal information management research," *Aslib Proceedings* 65 (2013); Fitchett S. and Cockburn A. , "An empirical characterisation of file retrieval," *International Journal of Human-Computer Studies* 74 (2015); Xie X. , Sonnenwald D. H. and Fulton C. , "The role of memory in document re-finding," *Library Hi Tech* 33 (2015).

讨和甄别为未来个人信息管理行为的理论研究奠定了基础。表 2 - 2 列举了国外代表性个人信息管理行为研究类型。

表 2 - 2　国外代表性个人信息管理行为研究类型

调研对象	研究内容	行为研究类型
信息用户[①]	研究发现用户主要是基于文件位置和文件内容进行搜索，而且更倾向于通过位置查找文件	个人信息再现行为
电子邮件用户[②]	研究用户电子邮件过载的基础上对电子邮件的组织行为分为三类：非文件夹管理、文件夹管理、弹性管理	个人信息组织行为
网络用户[③]	用户再次查找有价值的网页信息的方法，包括直接输入网址访问、收藏夹访问、利用搜索服务搜索或者通过另一个网站间接访问	个人信息再现行为
信息用户[④]	用户对电子文件、电子邮件和网页书签的组织方式主要是提前组织和组织中立（不采取任何行为）两种	个人信息组织行为
大学教师、大学生、工程师等[⑤]	用户倾向于使用文件夹层次结构对项目相关信息进行组织，研究发现层级结构符合用户的使用习惯，层次间的逻辑关系便于查找正确的信息	个人信息组织行为
研究人员、信息专业人员[⑥]	用户在工作空间组织网络信息以备日后使用的方法，主要包括网络书签法、发送邮件保存、打印保存和复制网址到电子文档等	个人信息存储和组织行为
信息用户[⑦]	如何保存日常生活中偶遇到的信息，避免信息囤积和信息分散的问题，以便在日后需要时及时找到尤为重要	个人信息存储行为
办公室职员[⑧]	调查发现办公室职员主要是基于任务或是项目对工作电脑内文件和文件夹进行组织管理，并通过浏览文件夹结构查找定位文件，使用搜索作为最后的手段	个人信息组织和再现行为
高校本科生、硕士生[⑨]	对比用户使用文件夹和标签组织个人信息的利与弊	个人信息组织行为
网络用户[⑩]	研究表明虽然桌面搜索工具升级和改进，用户仍倾向于使用导航浏览方式从个人信息空间中再现信息	个人信息再现行为
信息用户[⑪]	用户对个人电子文件组织管理行为包括堆放管理、归档管理和结构化管理	个人信息组织行为
高校学生[⑫]	调查发现大学生个人学术信息组织管理行为主要包括堆放组织、单文件夹组织、多个小文件夹组织和大文件夹组织	个人信息组织行为

续表

调研对象	研究内容	行为研究类型
信息用户[13]	研究指出标签是有效存取和管理本地磁盘中用户数据的工具，并开发了基于标签的文件管理工具 Tagstore，Tagstore 根据用户的标签会自动生成 Tagtree，在 Tagtree 内用户可以对文件进行存储和查找	个人信息组织行为
网络用户[14]	通过研究 Gmail 和 Windows7 使用者发现用户更偏爱使用文件夹层次结构组织和查找保存的信息	个人信息组织和再现行为
苹果电脑用户[15]	开发软件 FileMonitor 动态记录用户个人电脑中的文件再现行为，对用户文件再次访问的频率、相同文件的管理、文件命名的特征、文件再现的方法对比（导航或是检索工具）等进行深入的实证研究	个人信息再现行为
高校本科生[16]	有用的信息并不能及时出现，从大学生信息偶遇的经历进行研究，指出信息素养课程的开设对于学生管理个人信息的重要性	个人信息存储和组织行为
社交音乐平台用户[17]	研究发现音乐平台用户对音乐进行标签组织管理对于日后查找收听帮助作用很小	个人信息组织行为
硕士生[18]	研究表明电子文件名称、主题、存储位置、创建时间、关键词、类型及使用频率会影响用户信息查找	个人信息再现行为
信息工作者[19]	运用自然观察法和深度访谈法对 12 名信息工作者文件夹使用行为进行调研，详细调查日常信息工作中如何使用文件夹；并确定用户使用中的有价值的文件夹。对文档管理工具、操作系统和虚拟工作环境的设计有指导意义	个人信息保存行为

资料来源：①Barreau D. and Nardi B. A. , "Finding and reminding: File organization from the desktop," *ACM Sig Chi Bulletin* 27 （1995）: 39 – 43.

②Whittaker Sand Sidner C. , "E – mail overload: Exploring personal information management of email" （paper represented at the Proceedings of the SIGCHI conference on Human factors in computing systems, Vancouver, BC, Canada, 1996）, pp. 276 – 283.

③Jones W. , Bruce Hand Dumais S. , "How do people get back to information on the web? How can they do it better?", Accessed December 16, 2017. http://research. microsoft. com/en-us/um/people/sdumais/KFTF-Interact2003. pdf.

④Boardman R. and Sasse M. A. , "Stuff goes into the computer and doesn't come out: A cross-tool study of personal information management" （paper represented atthe Proceedings of the SIGCHI conference on Human factors in computing systems, Vienna, Austria, 2004）, pp. 583 – 590.

⑤Jones W. et al. , "Don't take my folders away!: Organizing personal information to get things done" （paper represented atthe CHI'05 extended abstracts on Human factors in computing systems, Portland, USA, 2005）, pp. 1505 – 1508.

⑥Jones W. , Dumais S. and Bruce H. , "Once found, what then? A study of 'keeping' behaviors in the personal use of Web information," *Proceedings of the American Society for Information Science and Technology* 39（2005）：391 – 402.

⑦Marshall, Catherine C., and Jones W., "Keeping encountered information?", *Communications of the ACM* 49（2006）：66 – 67.

⑧Khoo C. S. G. et al., "How users organize electronic files on their workstations in the office environment：A preliminary study of personal information organization behaviour," *Information Research* 12（2006）：5.

⑨Civan A. et al., "Better to organize personal information by folders or by tags?：The devil is in the details," *Proceedings of the American Society for Information Science and Technology* 45（2008）：1 – 13.

⑩Bergman O. et al., "Improved search engines and navigation preference in personal information management," *ACM Transactions on Information Systems* 26（2008）：1 – 24.

⑪Henderson S., "Personal document management strategies"（paper represented at the Proceedings of the 10th International Conference NZ Chapter of the ACM's Special Interest Group on Human-Computer Interaction. ACM, Boston, USA, 2009）, pp. 69 – 76.

⑫Hardof-Jaffe S. et al., "How do students organize personal information spaces?", *International Working Group on Educational Data Mining* 10（2009）：250 – 258.

⑬Voit K., Andrews Kand Slany W., "Tagging might not be slower than filing in folders"（paper represented at the CHI'12 Extended Abstracts on Human Factors in Computing Systems, Austin, TEXAS, 2012）, pp. 2063 – 2068.

⑭Bergman O. et al., "Folder versus tag preference in personal information management," *Journal of the American Society for Information Science and Technology* 64（2013）：1995 – 2012.

⑮Fitchett S. and Cockburn A., "An empirical characterisation of file retrieval," *International Journal of Human-Computer Studies* 74（2015）：1 – 13.

⑯Stewart K. N. and Basic J., "Information encountering and management in information literacy instruction of undergraduate students," *International Journal of Information Management* 34（2014）：74 – 79.

⑰Lorince J., Joseph K. and Todd P. M., "Analysis of music tagging and listening patterns：Do tags really function as retrieval aids?"（paper represented at the Social Computing, Behavioral-Cultural Modeling and Prediction Conference, Washington D. C., USA, March 2015）, pp. 141 – 152.

⑱Xie X., Sonnenwald D. Hand Fulton C., "The role of memory in document re-finding," *Library Hi Tech* 33（2015）：83 – 102.

⑲Whitham R. and Cruickshank L., "The function and future of the folder," *Interacting with Computers* 29（2017）：629 – 647.

（3）个人信息管理行为影响因素研究不断深入

行为是个人内在心理因素与外界环境相互作用的结果，个人信息管理行为是具有高度个人特质和情境化的行为，具有动态性和复杂性，同样受到诸多因素的影响。个人信息管理行为因个人内部和外部原因而存在差异，用户、任务、工具和环境会导致行为表现不同，戈薇兹卡（Jacek Gwizdka）和齐内尔（Mark Chignell）研究指出认知能力、信息内容、信息渠道、工具特征、任务特点和工作职位特点等是个人信息管理行为的影响因素①。目前国外对个人信息管理行为影响因素的研究主要分为以下三大类。

第一，个体因素对个人信息管理行为的影响，学者们指出个人记忆、个人习惯、个人认知、个人情感会影响个人信息管理行为。个人信息管理中信息再现是指人们如何定位和查找已经保存的信息，这和个人记忆是密切相关的。布鲁斯（Harry Bruce）等人发现人们会忘记存储在个人信息空间中的信息，从而给后续的查找和利用带来麻烦②；爱思唯尔（David Elsweiler）等人研究指出用户是否记得邮件内容和发送时间会影响用户电子邮件的再现③；谢（Xiao Xie）等人④、爱思唯尔（David Elsweiler）等人⑤的研究指出个人信息管理工具的构建要考虑到个人记忆的因素。个体的行为总是由刺激所引起的，当"刺激—反应"形成一种相对稳定的模式就成为习惯。研究者发现用户的个人习惯会影响其对个人信息的组织行为⑥，个人对信息保存、组织和再现时的偏好和习惯使用的方法和途径等会对个人信息管理行为产生影响。认知是一种重要的心理活动，对个人的情绪态度和行为具有十分重要的调节性作用。个体具有的知识、观

① Gwizdka J. and Chignell M. , "Individual differences and task-based user interface evaluation: A case study of pending tasks in email," *Interacting with Computers* 16 (2014): 769 – 797.

② Bruce H. , Jones W. and Dumais S. , "Information behaviour that keeps found things found," *Information Research* 10 (2014).

③ Elsweiler D. , Baillie M. and Ruthven I. , "What makes re-finding information difficult? A study of email re-finding" (paper represented at the European Conference on Advances in Information Retrieval, Dublin, Ireland, April 2011), pp. 568 – 579.

④ Xie X. , Sonnenwald D. H. and Fulton C. , "The role of memory in document re-finding," *Library Hi Tech* 33 (2015): 83 – 102.

⑤ Elsweiler D. , Ruthven I. and Jones C. , "Towards memory supporting personal information management tools," *Journal of the American Society for Information Science and Technology* 58 (7): 924 – 946.

⑥ Bergman O. et al. , "Folder versus tag preference in personal information management," *Journal of the American Society for Information Science and Technology* 64 (2013): 1995 – 2012.

念和认知能力等组成认知结构，琼斯（William Jones）等人指出个体认知能力是影响个人信息管理行为的内部因素①。个人性格中的态度、情感、理智等因素在信息活动各个环节都有体现，是研究个体信息行为特征的重要基础，米兹拉希（Diane Mizrachi）和贝茨（Marcia J. Bates）研究发现个人对信息的归属感等情感因素会影响其对个人信息的保存和组织②。

第二，研究外在信息因素所具有的影响作用，个人信息来源广泛（如电子邮件、文件、网页、即时消息、音乐、图片、视频等）、格式各异，并且产生于不同的活动中，处理不同信息类型和元数据质量的能力是个人信息存取的关键，学者们指出信息价值、信息类型和位置、信息组织结构等会影响个人信息管理行为。瓦斯尼克（Barbara H. Kwasnik）发现用户对于是否保存信息和如何进行保存的决定来自于对该信息预期使用价值的判断③，个人信息管理的一个重要行为就是保存信息以确保日后的使用，个人保存信息的原因就在于他们认为信息具有潜在有用性并希望未来能及时找到④。布鲁斯（Harry Bruce）等人研究发现人们对保存方法的选择会受到信息可携带性、信息的长期保存、易于整合、易于管理维护和信息可获取渠道等多方面的影响⑤。巴罗（Deborah K. Barreau）的研究指出办公职员对电子文件的组织分类考虑最多的因素是信息类型、位置、标

---

① Jones W. and Teevan J., *Personal Information Management*（Seattle：University of Washington Press，2007）.

② Mizrachi D. and Bates M. J.，"Undergraduates' personal academic information management and the consideration of time and task-urgency，" *Journal of the American Society for Information Science and Technology* 64（2013）：1590–1607.

③ Kwasnik B.，"How a personal document's intended use or purpose affects its classification in an office，" *Acm Sigir Forum* 23（1989）：207–210.

④ Bruce H.，"Personal anticipate dinformationneed，" *Information Research* 10（2005）：232.

⑤ Bruce H.，Jones W. and Dumais S.，"Information behaviour that keeps found things found，" *Information Research* 10（2014）.

题、使用目的、使用频率和信息产生时间[1]。贝尔金（Nick Belkin）等人根据人类记忆的特征探讨了人们信息再现的线索主要包括信息内容、信息偶遇和利用的时间、信息内包含的人、信息存放的位置、信息的物理特性（如信息大小和类型等）、信息的特殊性、信息使用频率[2]。爱思唯尔（David Elsweiler）等人的研究指出信息的组织策略会影响用户日后信息的查找再现[3]。

第三，态度—情境—行为理论发现了内在态度因素和外在情境因素对行为的影响，并进一步检验了情境因素对态度和行为之间关系的调节作用。学者们的研究突出了外界情境因素的重要性，指出信息时空分布环境和信息载体等方面在一定程度上影响了个人信息管理行为。瓦斯尼克（Barbara H. Kwasnik）通过研究办公室职员如何组织办公室内文件发现用户主要是通过七种维度进行组织，情况属性即文件来源、使用、当前环境和文件存取是最为重要的；巴罗（Deborah K. Barreau）进一步研究表明情境因素即硬件、软件环境会影响个人信息管理的行为；爱思唯尔等人的研究也表明任务和情境因素影响用户信息再现；数字信息技术的发展使得信息获取和信息存储更加便捷，个人生活经历中的信息都可以被保存下来形成人类数字记忆，菲莱（Marguerite Fuller）等人指出由于个人数字记忆的数据是高度异质和非结构化的，普通的搜索查询很难进行，通过利用情境因素可以提高信息再现查询的效率[4]。

---

[1] Barreau D. and Nardi B. A., "Finding and reminding: File organization from the desktop," *ACM Sig Chi Bulletin* 27 (1995): 39 – 43.

[2] Belkin N., "Searching, Finding, Filtering and Auto-Classification," Accessed December 16, 2017, http://pim. ischool. washington. edu/SearchingFindingBreakoutGroup-Report. pdf.

[3] Elsweiler D., Baillie M. and Ruthven I., "What makes re-finding information difficult? A study of email re-finding" (paper represented at the European Conference on Advances in Information Retrieval, Dublin, Ireland, April 2011), pp. 568 – 579.

[4] Fuller M., Kelly Land Jones G. J. F., " Applying contextual memory cues for retrieval from personal information archives," Accessed March 1, 2017, http://doras. dcu. ie/ 15913/1/Applying_ Contextual_ Memory_ Cues_ for_ Retrieval_ from_ Personal_ Information_ Archives. pdf.

这些研究成果在一定程度上体现出国外个人信息管理行为研究的微观化趋势，行为影响因素变量增多，从个体因素到个人情感，从信息因素到外部情境因素，这些研究针对不同行业的用户信息保存、信息组织、信息再现和信息利用行为进行了深入分析，极大地丰富了个人信息管理行为理论。

（4）定性研究方法与定量研究方法相结合

个人信息管理活动行为的研究领域主要是在社会学和心理学等社会科学领域。随着个人信息管理行为研究的发展和深入，学者认识到单一定量或者定性的研究方法很难对复杂的个人行为进行全面分析，需要综合运用多种研究方法获取行为数据并从整体上对某一研究现象进行深入探讨，从而进一步体现用户个人信息管理行为的内在规律。自然主义研究方法是一种整体的、情境的方法，关注参与者所处的自然环境，采用自然主义研究方法研究个人信息管理行为能够使研究者更深入、全面地了解日常生活中的个人信息管理行为。自然主义研究方法中使用的数据收集方法包括观察法、访谈法、日志法、问卷调查、案例研究、文本分析、有声思维和焦点小组等[1]。如哈冉提（Mona Haraty）采用焦点小组、情境访谈和调查问卷研究个人信息管理行为个体差异的产生原因[2]；普斯哈勒（Kelvin Copic Pucihar）采用半结构化访谈和绘制草图相结合的方法对个人项目信息管理的实践进行研究，为个人项目管理工具的设计和完善提供建议[3]；米兹拉希（Diane Mizrachi）和贝茨（Marcia J. Bates）采用民族志和扎根理论研究大学生个人学术信息管理行为[4]；博格曼

① Jones W. , *Keeping Found Things Found—The Study and Practice of Personal Information Management* (Burlington: Morgan Kaufmann Publishers, 2007).

② Haraty M. , McGrenere J. and Tang C. , "How personal task management differs across individuals," *International Journal of Human-Computer Studies* 88 (2015): 13–37.

③ Copic Pucihar K. et al. , "An empirical study of long-term personal project information management," *Aslib Journal of Information Management* 68 (2016): 495–522.

④ Mizrachi D. and Bates M. J. , "Undergraduates' personal academic information management and the consideration of time and task-urgency," *Journal of the American Society for Information Science and Technology* 64 (2013): 1590–1607.

（Ofter Bergman）采用半结构化访谈、问卷调研和屏幕捕捉数据的方法研究用户的个人信息管理行为[1]；谢（Xiao Xie）采用半结构化研究大学生个人信息管理行为[2]；琼斯（William Jones）采用观察法和访谈法调查研究人员、信息专业人员和管理人员的个人信息管理行为，并从不同方面进行比较分析[3]；邱（Christopher S. G. Khoo）采用半结构化访谈调查办公室职员个人文件组织行为[4]。近年来有学者采用随着人工智能发展起来的数据挖掘的方法从用户大量日常的个人信息管理行为数据中分析隐藏其中的行为规律，这种研究方法可以在弥补传统研究方法的不足，更准确地分析行为的特征和发生规律[5]。

尽管个人信息管理行为的相关研究所涉及的领域广泛、学科众多、研究方法多样，成果内容丰富多元，在国际上仍处于上升阶段的新兴领域，而在国内该领域才刚刚起步。国内的相关研究明显不足，对于个人信息管理行为的研究主要分布在计算机科学、图书情报学领域，国内研究的理论基础相对比较薄弱，研究对象也主要集中为高校学生。随着研究的深入，定性和定量相结合的研究方法也

[1] Bergman O. , Beyth-Marom R. and Nachmias R. , "The user-subjective approach to personal information management systems design: Evidence and implementations," *Journal of the American Society for Information Science and Technology* 59 (2008): 235 – 246.

[2] Xie X. , Sonnenwald D. H. and Fulton C. , "The role of memory in document re-finding," *Library Hi Tech* 33 (2015): 83 – 102.

[3] Jones W. , Dumais S. and Bruce H. , "Once found, what then? A study of 'keeping' behaviors in the personal use of Web information," *Proceedings of the American Society for Information Science and Technology* 39 (2005): 391 – 402.

[4] Khoo C. S. G. et al. , "How users organize electronic files on their workstations in the office environment: A preliminary study of personal information organization behaviour," *Information Research* 12 (2006): 5.

[5] Fisher D. et al. , "Revisiting Whittaker & Sidner's email overload ten years later" (paper represented at the Proceedings of the 2006 20th anniversary conference on Computer supported cooperative work, Banff, Alberta, Canada, November 2006), pp. 309 – 312; Hardof-Jaffe S. et al. , "How do students organize personal information spaces?", *International Working Group on Educational Data Mining* 10 (2009): 250 – 258; Fitchett S. and Cockburn A. , "An empirical characterisation of file retrieval," *International Journal of Human-Computer Studies* 74 (2015): 1 – 13.

逐渐得到应用，国内文献多集中于个人信息管理行为基本问题分析方面，对于相关行为类型及其影响因素的研究还处于探索性阶段。如邓昌智等①、陈明炫等②从人机交互的角度分析个人信息管理行为；王知津等提出构建基于民族志方法的个人信息管理行为模型③；谢笑等④、李晶⑤采用问卷调查、数据建模的方法调研了影响用户使用个人信息管理工具行为的关键因素；张鹏翼等采用问卷调查和焦点小组访谈对大学生使用智能手机的个人信息管理行为进行研究⑥。占南探讨了基于扎根理论的个人信息管理行为研究的可行性⑦；王赟芝采用访谈对不同专业背景的人进行个人信息备份问题的研究⑧；王赟芝等从个人信息管理的角度出发对个人信息再现行为模式进行归纳并提出提高信息再现效率的方法⑨；谢笑采用半结构化访谈和扎根理论的方法对图书情报专业研究生个人信息保存和组织行为进行研究⑩。

---

① 邓昌智等：《以活动为中心的个人信息管理》，《软件学报》2008 年第 6 期。

② 陈明炫等：《一种面向个人信息管理的 Post-WIMP 用户界面模型》，《软件学报》2011 年第 5 期。

③ 王知津、肖蔷：《基于民族志方法的个人信息管理行为研究》，《情报理论与实践》2009 年第 1 期。

④ 谢笑、李晶、戴旸：《个人信息管理工具使用意愿研究——以智能手机为例》，《情报资料工作》2013 年第 2 期。

⑤ 李晶：《个人信息管理工具使用意愿研究——以桌面搜索工具为例》，《图书情报工作》2011 年第 24 期。

⑥ 张鹏翼、刘畅：《移动智能设备个人信息管理——以在校大学生和研究生为例》，《情报杂志》2015 年第 34 期。

⑦ 占南：《基于扎根理论的个人信息管理行为研究》，《图书馆学研究》2016 年第 15 期。

⑧ 王赟芝：《基于个人信息管理的信息备份研究》，《内蒙古科技与经济》2016 年第 10 期。

⑨ 王赟芝、谢笑、谢阳群：《个人信息管理活动中的信息再现问题探究》，《图书馆》2016 年第 8 期。

⑩ 谢笑：《个人信息管理实践研究——个人信息的保存与组织》，《图书馆学研究》2017 年第 1 期。

2.5　小结

国外在个人信息管理领域的研究主题广泛，个人信息管理的研究正逐渐成为目前信息管理的研究热点和重点之一，已经召开了七届个人信息管理国际研讨会。国外在此方面的研究主要呈现以下特点。①研究领域广泛。国外在个人信息管理的研究领域涉及信息管理基本理论、信息组织、信息存储、信息检索、用户信息行为等众多方面，极大地推动了个人信息管理的发展。②研究主题深入，国外在个人信息管理方面的研究主题主要包括个人信息管理方法研究、个人信息管理结构研究和个人信息管理工具研究，学者对于每一个研究主题都进行了全面而深入的研究。③研究内容与用户实际需要最为贴切，个人信息管理研究最重要的就是为用户提供信息管理的具体策略和方案，国外研究成果不仅从理论上对个人信息管理的必要性、组织方法和结构进行分析，而且通过具体的技术和工具实现了个人信息的有效整合、组织和可视化管理。但是与国外的研究相比，国内在个人信息管理方面的研究还尚不成熟，采用实证研究方法进行系统、深入研究的文章很少，研究的主题也比较分散。国内从用户信息行为角度对个人信息管理进行研究还比较匮乏，且很少从用户的实际需要出发探讨具体的解决方案。在互联网信息技术的深入发展的时代，更加需要通过对个人日渐增多的信息进行有效的组织和管理。管理信息是人类认识世界和改造世界的客观需要，同时也是人类生存和发展的客观需要。因此本书就是以个人信息管理行为为切入主题，研究科研人员如何对个人获取或是"遭遇"的学术信息进行管理，探讨影响其学术信息管理行为的因素并提出优化策略与建议，从而提高科研人员信息利用率和工作效率、加速知识的应用和创新。

第3章　个人学术信息管理行为
相关理论基础

本章将重点论述本书研究中所涉及的相关理论及方法，主要包括归因理论及其代表性理论介绍、质的研究与扎根理论、行为理论和信息行为模型介绍。归因理论是本研究归纳和划分影响科研人员个人学术信息管理行为内在因素和外在因素的理论基础；扎根理论是本研究采用的主要研究方法，为后续的深度访谈资料的分析、编码和建构理论模型提供了研究方法和思路，为具体实施分析科研人员个人学术信息管理行为影响因素提供了理论和方法支持；行为理论和信息行为模型为构建科研人员个人学术信息管理行为影响因素模型和开展实证研究奠定了理论基础。

3.1　归因理论

因果关系是自然界和人类社会中普遍存在的一种规律性关系，从科学家的科研活动到普通人的日常生活行为都离不开对行为、事件和各种现象之间因果关系的判断和分析。归因使得人们对其行为的发生时间、发生影响因素有一定的了解，从而可以预测行为的发生。归因理论描述了如何解释自己和他人的行为，通常将个体的行为归结为内部原因（个人归因）或外部原因（情境归因）。归因就是寻求结果的原因，心理学将归因理解为一种过程，指根据行为或事件的结果，通过知觉、思维、推断等内在信息加工活动而确认引起结果的原因的认知过程，需要通过比较、推断和最后的决策从中选出若干因素作为引发结果的原因。就是对人们的外在行为表现进行解释和说明的过程。归因的研究主要包括三个方面：第一，心理活动归因，即个体心理活动的产生应归结为什么原因；第二，行为归因，即根据个体的行为和外部表现对其心理活动进行推断，属于社会知觉归因的主要内容；第三，对个体未来行为的预测，即根据个体过去行为表现预测他们今后在有关情境中会采取何种行为①。归因理论有很多种，具有代表性的主要有以下四种理论。

3.1.1　海德的经典归因理论

海德（Heider）是归因理论的创始人，其对现实生活长期观察的基础上详细分析了社会生活和人际交往活动中归因推断的重要性，1958年《人际关系心理学》一书的出版揭开了心理学归因研究的序幕。海德认为个体对行为进行归因解释时一般从两个角度进行，一是情境归因或外向归因，指与环境有关的因素如难易程度、运气、机遇、情境性质等；二是个性倾向归因或内向归因，指与个人相关的因素如能力、态度、动机、情绪、个体的需要、人格特质等相对稳定的内在因素。海德认为个体通过协变原则（Principle of Invariance）寻找关键原因，即在很多不同的情况和条件下，某一特定的原因和某一具体的结果总是相伴随出现②。

3.1.2　琼斯和戴维斯对应推断理论

琼斯和戴维斯（Jones & Davis）在《从行为到倾向：人际知觉的归因过程》一文中提出归因过程的对应推断理论，人们在进行社会推论时，总是需要作出对应推理。所谓对应推断是指由人们的外显行为来推断其内在的动机和人格特质，系统探索了人们如何推断个体行为究竟是否对应于其内在特质或倾向。虽然依据行为者的外在行为表现推断其内在心理倾向存在一定困难，还是可

---

① 刘永芳：《归因理论及其应用》，上海教育出版社，2010，第1—4页。
② 刘永芳：《归因理论及其应用》，上海教育出版社，2010，第15—17页。

以依据一些关键类信息准确地作出归因。①非共同效应。非共同性因素能够提供大量丰富的归因信息，从而对行为者的行为作出准确的归因，在很多情况下非共同性行为表现更能反映个人最为真实的内在心理的倾向。②社会赞许性，即个人行为是否能符合社会所要求的程度。行为符合社会要求的程度越低，本质归因就越具有更大的可能性，而相对推断的可能性也就越高。③选择自由性。外在行为是否是行为者自由选择也会对相对推断的可靠性存在一定的影响，如果行为是自由选择，那么更多的归因可以推断其内在心理倾向[1]。

3.1.3 凯利的方差归因模型

凯利（Kelley）认为归因者是根据协变原则进行原因推论的，归因过程就是从多种可能的原因中筛选出行为真实原因的过程，所遵循的逻辑思路与方差分析方法相似，因此又被称为方差归因模型。根据凯利方差分析归因模型，人们对特定社会行为进行归因可以分为三类（见表3-1）：①实施行为者个人方面的原因即个人归因（P），如个人态度和性格特点等；②环境方面的原因即环境归因（C），如外界压力和环境氛围等；③行为对象方面的原因即刺激归因（S），如行为对象的特点等[2]。人们在进行协变归因时会从区别性、一致性和连贯性三个角度着手，据此可分析个人进行归因推断时所采用的信息来源。区别性是指个体对不同刺激或事件作出相同反应的程度；一致性是指个体对于某种刺激在其他时间和场合下都作出同样反应的程度；共同性指的是对于某个相同的刺激其他人是否会作出同样的反应，如果其他人表现出同样的反应则说明共同性较高、反之，则共同性较低。

---

① 刘永芳：《管理心理学》，清华大学出版社，2008，第112页。
② 刘永芳：《管理心理学》，清华大学出版社，2008，第113页。

表 3 - 1　凯利三维归因模型

区别性	一致性	共同性	归因性
高	高	高	行为对象的特点
低	低	高	行为者本身的特点
高	低	低	行为情境

3.1.4　韦纳的动机归因理论

主要是由心理学家韦纳（Weiner）提出来的，从归因视角来研究人类行为背后的动因。韦纳采用相关法、因素分析法等分析原因的不同特性，将原因分为因素来源、稳定性和控制性三个维度，每一个维度衍生出两类不同的原因，依次为内在原因—外在原因、稳定原因—不稳定原因、可控制原因—不可控制原因。因素来源包括与个人条件有关、环境有关的两个部分，前者称为内在原因，后者称为外在原因；稳定性因素指行为的原因是稳定不变的（如个人能力、工作难度等）还是容易发生改变的（如运气和努力因素等）；控制性因素指行为的原因是个人意志能够控制的还是不容易控制的。韦纳认为归因是通过影响人们对未来的预期或期望及情绪、情感，进而影响人们的动机。韦纳对归因研究的另一个重要贡献在于指出归因是行为产生结果和后续行为之间的一个中介认知过程，并提出了一个简明的动机归因模式（如图 3 - 1 所示），用以描述归因、情

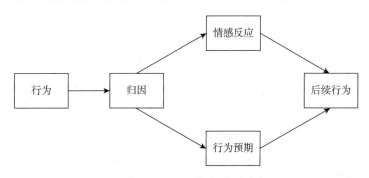

图 3 - 1　韦纳的简明动机归因模式

感、行为预期与行为之间的动力关系①。

海德的归因理论属于单一维度的归因理论，把行为的原因分为外在情境因素和个体内在因素两方面；琼斯和戴维斯的相对推断理论发展了海德的通俗心理学，提出了三个归因信息线索即非共同性效应、社会赞许性和选择自由性，为进行归因判断提供了快速而简单的依据；凯利和维纳理论上略有不同，但都是从三个方面探讨归因线索，更具体和细化地对归因因素进行了分类，将归因从单一维度拓展到多维度。本书在借鉴归因理论的基础上，将个体行为的原因分为内部归因（个体因素和个人态度）和外部归因（情境因素和信息因素），从社会心理学的角度对科研人员个人学术信息管理行为影响因素进行深入分析。

3.2 质的研究与扎根理论

3.2.1 质的研究

社会科学的研究方法可以归为两类：量的研究（quantitative research）和质的研究（qualitative research）。量的研究起源于自然科学，是通过有代表性的小范围的样本数据推导出整体结论的一种研究方法；质的研究是研究者深入社会现象，亲自体验、了解研究对象的思维方式，在对原始资料进行收集整理的基础上建立符合情境化的意义解释。质的研究这一概念有很多不同的称谓，在中国香港、中国台湾等地被译为"质化研究"、"质的研究"，在中国内地社会科学界被称为"定性研究"，本书则是采用陈向明的定义②。质的研究方法的研究工具是研究者本人，研究者置身于研究情景中，通过多种资料收集方法从整体上对某一研究现象或研究问题进行探

---

① 李建明：《社会心理学》，人民卫生出版社，2007，第151—152页。
② 陈向明：《质的研究方法与社会科学研究》，教育科学出版社，2000，第21—24页。

讨，并对资料进行归纳和分析从而形成理论，可以利用和研究对象之间的沟通互动对其行为进行合理解释①。质的研究的目的是解释某种现象，以社会和人类问题研究中特有的方法论传统为基础，适合用于探索"什么"和"如何"的问题，可以用作探讨和发现事物发生和发展动态演化过程②。质的研究和量的研究的对比分析如表 3 - 2 所示。

表 3 - 2　质的研究和量的研究的对比

质的研究	量的研究
归纳	演绎
自然的、生动的	科学方法、不重视脉络
非控制情境	控制的情境
开放系统	封闭系统
完整的、深度的描述	特殊的
变动的实体	不变的实体
研究者是资料收集工具	标准化的资料收集工具
资料分析后进行归纳	资料分析前已有类型

质的研究方法包括访谈法、观察法、焦点小组法等资料收集方法，还包括民族志、扎根理论、历史研究、行动研究等综合性研究方法。在理论和研究的关系方面，质的研究是发现理论和关系的过程，即通过资料收集和分析构建新的概念和理论，以反映被研究者所处的具体情境，研究的结果是形成理论或假设；量的研究则是验证理论的过程，即先有理论基础，再根据现有的理论提出假设，最后通过数据收集和分析从而验证理论。对同一个研究问题使用这两种方法，就可以对同一研究问题和对象从不同角度和层面进行深入

---

① 陈向明：《质的研究方法与社会科学研究》，教育科学出版社，2000，第12页。
② 刘军：《管理研究方法：原理与应用》，中国人民大学出版社，2008，第64—78页。

的探究，实现自下而上的建构理论和自上而下的验证理论。同时便于研究人员灵活地使用多种方法对研究结果的进行验证，在一定程度上提高了理论研究结果的可靠性。

3.2.2　扎根理论

（1）扎根理论的内涵与思路

扎根理论是由斯特劳斯（Anselm Strauss）和格拉斯（Barney Glaser）于1967年提出的质的研究中建构理论的一种方法，主要是在经验材料的基础上进行理论的建构，研究开始之前研究者并没有提出理论假设，而是对原始资料进行总结归纳，从而上升到理论层次，是一种从下而上建构理论的方法。扎根理论需要有经验材料的支持，在此基础上可以提取概念和范畴并形成理论[①]。扎根理论的研究方法在心理学、社会学、人类学和管理学等多领域得到广泛应用。国外将扎根理论应用于情报学的研究始于20世纪80年代，主要是对用户的信息查询行为进行研究，并逐渐延伸到信息交流与网络环境下用户信息交互行为方面[②]。扎根理论秉承了建构主义的本体论和相对主义的认识论，致力于发展新理论，发掘对现象的新的认识和理解，研究过程强调的是数据收集和资料分析交互进行。陈向明提出了扎根理论的六点基本原则[③]。①从收集的资料中产生和建构理论。研究人员通过对资料的分析建构理论框架，自下而上对资料进行筛选和浓缩，从而产生可以用来指导人们具体生活实践的理论。扎根理论的理论发现是一个非线性的循环往复的过程。②理论敏感性。不管是在研究设计阶段，还是在资料收集和分析阶段，研究人

---

①　陈向明：《质的研究方法与社会科学研究》，教育科学出版社，2000，第327—328页。

②　韩正彪、周鹏：《扎根理论质的研究方法在情报学研究中的应用》，《情报理论与实践》2011年第5期。

③　陈向明：《质的研究方法与社会科学研究》，教育科学出版社，2000，第327—332页。

员都应对以往的理论、现有的理论和资料中所体现的理论保持高度敏感性，能够及时发现理论建构的相关线索。③不断比较的分析方法。通过对资料进行编码为概念、范畴找到属性，同时对这些概念范畴进行比较，从而发现他们之间的联系。进一步勾勒初步形成的理论，并将其返回到原始材料进行验证优化。最后将资料、概念范畴、范畴的属性以及概念范畴之间的关系描述出来。④理论抽样。在对资料进行分析时，研究人员能将资料中所产生的理论作为接下来样本抽样的标准，也可以进一步指导资料的收集和分析。⑤文献的运用。对相关的文献的阅读可以拓展研究人员的视野，从而能为资料的进一步分析提供理论基础，但是前人的思想可能束缚研究思路。原始材料、研究人员的个人理解以及现有的研究成果是紧密相关的，因此在利用已有的文献时需要根据原始材料的性质以及个人的判断。⑥检验和评价。概念必须来自原始资料，理论中的概念应得到充分的发展，且概念之间应具有系统的联系，概念联系起来的理论应具有较强的适用性和解释力。在理论已经达到概念上的饱和且理论中各个部分之间已经建立了相关、合理的联系后就可以停止对理论的检验。

（2）扎根理论的分析技术与步骤

扎根理论研究方法是一个自然主义民族志主张的研究方法，该方法要求研究人员深入到被研究群体的日常生活收集资料，并从资料中形成概念、类属、假说和理论，这样理论就能根植于被研究者的意义世界，从而真实地再现社会本质①。扎根理论是为了研究人们对某一现象所作出的行为，从而生成或发现理论，研究人员要通过访谈收集资料，形成一些信息范畴，并将它们彼此互相联系，最终形成和构建相关理论。扎根理论将收集资料和检验假设同步循环进

---

① 卢崴诩：《质的研究法与社会科学哲学——以社会学中的民族志为例》，《思想战线》2013 年第 2 期。

行，研究程序当中就包含了检验的步骤。研究人员在资料收集过程中通过比较进行不断思考，从而对研究对象的特征进行总体把握。扎根理论不但要了解存在因果关系的社会现象，而且还将社会现象放在一个多组、多元变量相互影响的分析框架中，从而进一步反映社会现象的复杂性。扎根理论是一个从丰富资料中形成和建构理论的思考和探究方法，从资料中来，运用逻辑思维、归纳和演绎、对比和分析，循序渐进地提取概念及其之间的关系，并最后形成理论。扎根理论可以弥补实证研究中研究过程过于程式化和没有发挥研究人员主观能动性的缺点，使得研究兼具理论性和实际应用性[①]。

编码是对访谈资料进行系统分析和整理的第一步，是根据多个分类标准对访谈资料进行归纳总结，提炼相关概念和范畴的过程[②]。对资料进行编码是扎根理论分析的基本方法，即对研究资料进行分解、概念化和重新组合，它是从研究资料中建构理论的核心步骤。编码的目的是对被访谈者的叙述性数据进行解释和构建意义。编码是对访谈资料逐字、逐句、逐段进行分解并加以标签，即将个别的时间或现象赋予一个概念性的范畴。扎根理论最重要的环节就是对收集而来的资料进行编码，主要包括三种形式的编码。①开放式编码（open coding），将资料打散，并对其赋予概念，采用新的组合方式进行操作的过程。目的在于提取概念范畴、命名范畴并确定其维度，并对研究现象进行命名和范畴化。开放式编码的具体程序为现象的定义（概念化过程）—发掘范畴—命名范畴—进一步拓展范畴的性质和面向。对范畴的性质和性质的面向进行定义是为了确保概念到范畴的凝练更加科学贴切，确保研究过程的程式化以提高研究

---

① 王锡苓：《质的研究如何建构理论？扎根理论及其对传播研究的启示》，《兰州大学学报》（社会科学版）2004 年第 3 期。

② 孙晓娥：《扎根理论在深度访谈研究中的实例探析》，《西安交通大学学报》（社会科学版）2011 年第 6 期。

质量。概念和范畴的命名有多种来源，有的来自学科已有概念，有的来自文献资料，有的来自访谈资料，为了得到最能反映资料本质的概念和范畴，需要在资料、概念和范畴之间不断循环往复考察①。概念化和范畴化的过程将访谈文字资料转化为有利于比较和分析的单位，引导研究者对资料中所反映假设和现象提出问题，从而进一步推动研究者探索、识别和发现范畴间的关系②。②主轴编码（axial coding），在整理访谈资料的过程中，主轴编码是在对开放式编码进行思考、梳理和分析的基础上，归纳和合并概念范畴，将各个独立的范畴联系起来，发现并建立不同范畴间的潜在关系，是经由演绎和归纳，采取和开放式编码里不断问问题和作比较的方法，将副范畴与范畴联结在一起的一种复杂过程。主轴编码的分析程序主要在建立范畴和子范畴之间的联系，找出范畴之间的关系，以建立理论架构。范畴之间的常见关系有因果关系、语义关系、结构关系、先后关系等。③选择性编码（selective coding），处理的分析层次更加抽象，对已经形成的概念范畴进行分析形成"核心范畴"，将核心范畴和其他范畴系统地联系在一起的过程。通过"故事线"来梳理和发现核心范畴，从而将核心范畴和其他范畴联系起来，并通过资料和正在建构的理论完善范畴之间的关系，从而建立起一个扎根理论。

　　本书采用质的研究和量的研究相结合的方法来探讨影响科研人员个人学术信息管理行为的主要因素。对于既有理论不多且现象解释较少的个人信息管理研究领域，扎根理论方法可以作为一种有效的研究方法帮助研究者采用归纳方法从现象中提炼出该研究领域的基本理论，从而不断地丰富和完善个人信息管理研究领域的理论体系。

<hr>

① 李志刚、李兴旺：《蒙牛公司快速成长模式及其影响因素研究——扎根理论研究方法的运用》，《管理科学》2006 年第 3 期。

② 李志刚：《中小水产品加工企业成长研究——基于扎根理论方法的分析》，经济管理出版社，2012，第 72—73 页。

3.3　行为理论

"行为"首先是一个心理学范畴的概念，在众多关于行为的心理学研究中，美国心理学家勒温（Kurt Lewin）提出了关于人类行为的著名公式 B = F（P，E），指出人类行为是个体内在因素（如感觉与知觉、学习与记忆、动机、态度与情感等）与环境的函数，是作为主体的人和作为客体的环境的综合效应①。这一公式反映了行为形成的基本因素，行为既是对人本身心理规律进行研究的必要途径，也是用来调整环境的具体依据②。本研究通过对行为理论的归纳与阐述，对于行为产生的机制、动因和影响因素进行梳理，为进一步探讨科研人员个人学术信息管理行为的发生机制和影响因素奠定了理论基础。

3.3.1　刺激—反应理论

刺激—反应理论（Stimulus—Response，SR）是行为主义的主要理论，人类的复杂行为可以分解为刺激和反应两部分，人的行为是大脑对刺激物的反应，从而为心理学研究提供了一种完全客观分析行为的方法。行为主义的代表人物华生（J. B. Watson）认为心理学不应该研究意识，而应该只研究行为，应该摒弃一切心理的概念，只研究可以观测的外显行为。行为主义者认为行为是有机体适应环境变化而产生的各种反应的组合。1932 年托尔曼（E. C. Tolman）创造性地提出了目的行为主义（purposive behaviorism）的理论，他认为有机体不是简单地对刺激做出反应，它的行为是有目的性的，在有机体的行为与其要达到的目的之间必须有一个中介变量，中介变量是介于刺激和反应之间因外在刺激而引发的内在变化的过程。在

---

① 江林：《消费者心理与行为（第四版）》，中国人民大学出版社，2011，第 20—21 页。

② 李桂华：《信息服务设计与管理》，北京交通大学出版社，清华大学出版社，2009，第 143—144 页。

特定的刺激条件下，有机体就是借助于头脑中认知地图的指引而将行为指向特定目的，行为产生的模式为 S（刺激）—O（有机体）—R（反应）。从托尔曼的目的行为主义理论可以看出任何一种行为首先都是由一定的刺激诱发，再经过内在有机体的决定因素影响，才最终形成行为。这个内在有机体的决定因素可以理解为动机（行为目的性）和认知能力（行为的认知性）。动机是促使个人产生行为的原因，根据动机的来源可以分为外部动机（刺激）和内部动机（需要），外部动机是指由外在力量激发而来的动机，内部动机指的是从个体内在的心理因素所形成的动机，内部心理因素包括兴趣、爱好、成绩感、自我实现需要等。20 世纪 60 年代以后新行为主义代表人物班杜拉（Albert Bandura）行为主义理论拓展到了社会行为领域，提出了社会认知论（the Social Cognitive Theory, SCT）[1]。SCT 研究人的认知、行动、动机和情绪并认为环境影响、个人因素、行为三个因素之间存在相互影响的关系（如图 3-2 所示）[2]，通过自我效能、结果预期等概念解释个体行为。

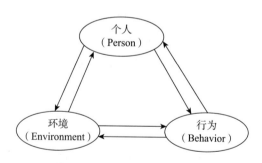

图 3-2　三元交互决定论模型

3.3.2　需要、动机和行为

需要是一种心理状态，是指人在生存和发展的过程中，感到缺

---

① 刘永芳：《管理心理学》，清华大学出版社，2008，第 39—41 页。
② 叶浩生：《心理学通史》，北京师范大学出版社，2006，第 207—246 页。

乏某种条件而又力求满足的主观感受①。动机是一种非常复杂的心理现象，是由一定的目标引导和激发的，从而产生原动力推动个体的行为。动机是促使个人产生行为的原因，根据动机的来源可以分为外部动机（刺激）和内部动机（需要），外部动机是指由外在力量激发而来的动机，内部动机是指由内在心理因素转化而来的动机，内部心理因素包括如兴趣、爱好、成绩感、自我实现需要等。从系统论的观点而言动机包括三个既相互作用又相互独立的因素：人类的一切行为都是为了满足自身的某种需要，需要是行为产生的根本动力和源泉，需要会转化为动机促使人去行动以实现需要的满足，动机是行为的直接动力。当个体在生理或心理上产生不平衡的时候就会产生需求，人在不断追求需要、满足需要的过程中产生出行动的动力和积极性；在动机产生的心理过程中，驱动力处于核心位置为指向目标的行为提供原动力；诱因是可以减轻需要程度、降低驱动力水平的外部对象，其可以重新恢复个体生理或心理上的平衡，降低或消除驱动力的影响。一般来说，人们的行为总是由一定的动机引起的，需要产生动机，动机促成行为的出现和持续，以实现需要的满足，三者之间存在一种链条式的关系（如图 3-3 所示）②。心理学研究表明，人的行为源于个体内在需要和内部唤醒状态，因此激发动机首先要从内在起因入手，只有个体的内在需要与外在诱因（目标）相联系，具有方向性的驱动力（动机）才会产生。外在诱因主要是指个体的行为目标和奖赏、惩罚等。人是具有主观能动性的，个体在付出行动之前就会对自身行为目标及其意义作出自己主观判断和心理预期。因此行为目标（外在诱因）就可以转化为个体行为的内在动力，从而具有动机作用。

---

① 李伟：《组织行为学》，武汉大学出版社，2012，第 170 页。
② 薛振田、刘启辉、董振娟：《管理心理学原理与应用》，中国海洋大学出版社，2005，第 126—129 页。

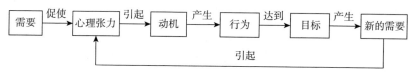

图 3 - 3　需要、动机和行为关系

3.3.3　计划行为理论

美国学者菲什拜因（Martin Fishbein）和艾奇森（Icek Ajzen）在 1975 年所提出的理性行为理论（Theory of Reasoned Action，TRA）是对个体行为过程进行解释和预测的重要理论，TRA 中认为个体行为态度和主观规范决定了个体的行为意向，具体的行为可以由指向该行为的具体态度来预测①。TRA 主要关注基于认知信息的态度的形成过程，以及态度如何有意识地影响个人行为，该理论模型从本质上广泛解释了人类的行为。TRA 源于社会心理学，是研究认知行为最有影响力的理论之一，有力地表明了信息和个人动机对于行为的影响作用，该理论认为个人会倾向于遵循能够利于自己并符合其他人期望这一原则而选择行为。态度是其他变量对行为意向产生影响的中间变量，过去行为中能够体现个体自动性的活动如习惯性反应等也会对行为意向产生直接影响②。

TRA 被认为只适用于预测完全受意志控制的行为，艾奇森（Icek Ajzen）在 TRA 的基础上提出了计划行为理论（Theory of Planned Behavior，TPB）（如图 3 - 4 所示），引入了感知行为控制的概念，可以对不受控制或更为复杂的行为进行解释。个体对行为的感知不仅是对以往经验的反映，也是对完成目前行为困难和阻碍的感知。TPB 假设主观规范、态度和感知行为控制对行为意向起到直

---

① "Theory of reasoned action," Accessed September 20, 2014, http://en. wikipedia. org/wiki/Theory_ of_ reasoned_ action.

② 于丹等：《理性行为理论及其拓展研究的现状与展望》，《心理科学进展》2008 年第 5 期。

接的决定性影响①。计划行为理论中行为的直接决定因素仍是行为意向，行为意向有三个决定性因素，个人态度、主观规范和感知行为控制。感知行为控制与自我效能或便利条件类似，是个体对实施某一行为时自身感受到可以控制、掌握的程度。

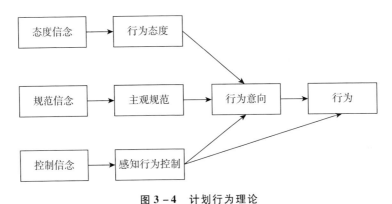

图 3 - 4　计划行为理论

3.3.4　人际行为理论

TRA 和 TPB 理论忽视了态度的情感性成分（喜欢、厌恶、不满意等）和习惯性行为等行为的研究，特里安迪斯（Harry Triandis）认识到社会因素和情感因素在行为意向形成中的关键作用，并且强调了习惯对调节当前行为的重要作用，据此提出了人际行为理论（Theory of Interpersonal Behavior，TIB）。人际行为理论考虑了行为发生改变的内外部因素的同时，也注意到了习惯与规律在行为形成中的重要作用，因而更适用于解释习惯化、日常化的行为。特里安迪斯指出个体实际行为是先产生行为意向，并且行为意向也会受到个人对此行为所产生的态度的影响，即态度—意愿—行为模式，基于此提出了 Triandis 模型（如图 3 - 5 所示）。模型中行为意向由社会因素、情感因素和行为的感知结果因素决定。人们实际行为的发生

①　Ajzen I.，"The theory of planned behavior," *Organizational Behavior and Human Deci-sion Processes* 50 （1991）：179 - 211.

是由行为意向、个人习惯和便利条件所共同决定的①。虽然特里安迪斯的理论在心理学领域被接受，但是很少被应用于信息系统领域，汤普森等人（Ronald Thompson et al.）基于特里安迪斯关于态度和行为的理论探讨影响用户使用个人电脑的因素，验证了 Triandis 模型在预测个人电脑（Personal Computer，PC）使用行为中的价值，并据此提出了 PC 使用模型，模型检验了社会影响、使用感觉、感知结果和便利条件对计算机使用行为的影响，感知结果分别体现为复杂性、工作相关度和长期重要性②。班贝格（Sebastian Bamberg）和施密特（Peter Schmidt）基于 Ajzen、Triandis 和 Schwartz 模型的对比对大学生出行方式选择的影响因素进行研究，研究结果发现 Triandis 模型在添加了习惯因素对行为的影响后比 TPB 模型在行为预测方面更具有解释力，因为 Triandis 模型相对较复杂，所以其应用没有 TPB 广泛③。

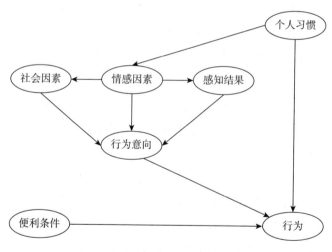

图 3 - 5　人际行为理论模型

①　Triandis, "Theory of interpersonal behaviour," Accessed September 20, 2014, http://www. cres. gr/behave/pdf/Triandis_ theory. pdf.

②　Thompson R. L., Higgins C. A. and Howell J. M., "Personal computing: Toward a conceptual model of utilization," *MIS Quarterly* 15 (1991): 125 – 143.

③　Bamberg S. and Schmidt P. , "Incentives, morality, or habit?: Predicting students' car use for university routes with the models of Ajzen, Schwartz, and Triandis," *Environment & Behavior* 35 (2003): 264 – 285.

3.4 信息行为模型

信息行为模型是通过对信息需求、信息搜寻、信息检索等行为过程进行描述,进而分析信息行为的具体表现形式和影响因素。在借鉴了社会学、认知心理学、哲学等学科具体理论和方法后,国外研究者围绕着影响信息行为的要素提出了多种信息行为理论、概念、框架结构及模型。本节将对五个信息行为模型进行介绍分析,进而为科研人员个人学术信息管理行为影响因素模型的构建和分析奠定理论基础。

3.4.1 信息偶遇

信息偶遇(Information Encountering,IE)的概念最早是由额德莱斯(Sanda Erdelez)在 1997 年提出的,是指非目的性的信息搜寻过程中发现信息的行为过程,即无意中发现对自己有用或者感兴趣的信息[①]。信息偶遇受到用户个性、动机、情绪、信息获取策略多种因素的影响。额德莱斯采用实验的方法研究了用户在信息检索过程中出现的信息偶遇现象,据此提出了信息偶遇过程模型,该模型包括注意、停留、检验、获取和返回五个要素。大部分信息偶遇过程会经历如下的五个步骤:①信息偶遇的发生开始于对信息的注意行为;②停留,改变原有的信息搜寻活动;③在检验阶段,用户会对偶遇信息的有用性进行评价;④用户会对偶遇的信息进行保存以备日后使用;⑤用户会重新返回到最初的信息搜寻活动中。用户在信息搜寻过程中针对的是"前景性问题",而信息偶遇的是"背景性问题"(见图 3 - 6)。

---

① Erdelez S., "Information encountering: A conceptual framework for accidental informa-tion discovery"(paper represented at the Proceedings of an international conference on Information seeking in context, Tampere, Finland, 1997), pp. 412 - 421.

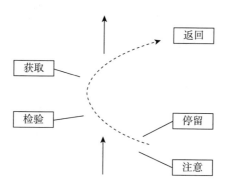

图 3 - 6　信息偶遇发生过程模型

注：- - - ►信息偶遇的过程。

　　——►原有的信息搜寻过程。

资料来源：Erdelez S. ，" Investigation of information encountering in the controlled research environment," *Information Processing & Management* 40 （2004）：1013 - 1025。

3.4.2　专业人员信息搜寻模型

莱基（Gloria J. Leckie）等人通过对工程师、医疗人员、律师等专业人员的信息行为进行研究，提出了专业人员信息搜寻模型（如图 3 - 7 所示），指出专业人员工作相关的信息需求主要是由于工作角色和任务，而且反过来也会促进信息搜寻过程。信息搜寻行为会受到一些交互变量的影响，而这些变量也会最终影响结果。研究表明特定职业的性质、年龄、职业生涯阶段、专业领域和地理位置等因素会影响信息需求的形成。影响信息搜寻的因素有两个。①信息来源。专业人员从各种来源中搜寻信息，如同事/人际渠道、图书馆员、工具书、期刊以及他们的个人知识和经验，这些信息来源可以按渠道类型或格式进行分类，包括正式（如会议或者期刊）或非正式的（交谈）；内部或外部的（来源于组织内部或者外部）；口头或者书面（书面的包括纸质版或是电子版）和个人的（知识和经验，专业实践）。②信息意识。多个信息来源直接或间接的知识（同事、在线数据库或手册）和对信息检索的感知在信息搜寻过程中发挥了重要的作用，因此用户对于信息来源和内容的总体感知能决定信息搜寻采取的途径。对信息的熟悉程度、信息可信性、信息及时性、信息易获取性和信息质量等都会影响专业人员对信息的搜寻①。在信息搜寻策略中，专业人员根据他们对信息来源和内容的感知对一些相关重要的因素进行评估，如及时性和花费，易获取性和质量等。

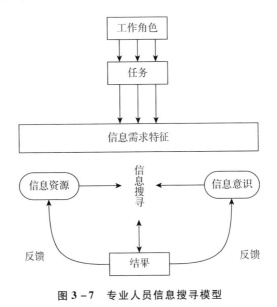

图 3 - 7 专业人员信息搜寻模型

3.4.3 Big 6 信息素养技能

美国图书馆学会将信息素养定义为一种能够判断何时需要信息，并且知道如何获取、评估和有效地利用所需信息的能力。1988 年为了有效地培养学生的信息素养、促进批判思维的发展以及帮助其掌握信息问题解决方法和技能，艾森伯格（Mike Eisenberg）和伯格维茨（Bob Berkowitz）共同创建了 Big 6 信息问题解决模型（Model of

① Leckie G. J., Pettigrew K. E. and Sylvain C., "Modeling the information seeking of pro-fessionals: A general model derived from research on engineers, health care professionals and lawyers," *The Library Quarterly* 1996: 161 - 193.

Information Problem-Solving)①。模型主要包括：①界定任务（Task Definition），定义任务或者要解决的信息问题；确定完成任务或解决信息问题所需的信息。②信息查寻策略（Information Seeking），确定所有可能的信息来源；根据易用性、可获得性等原则选择最合适的信息来源。③定位和获取（Location & Access），定位信息源；在这些信息资源中找出有用的信息。④使用信息（Use of Information）通过阅读、聆听、观察等方式感受信息源中的信息；从中提取相关信息。⑤信息整合（Synthesis），将来自不同信息源中的有用信息整合组织起来；展示和表达信息。⑥评价信息（Evaluation），评价问题解决后的结果（有效性和效果）；评价信息问题解决的具体过程（效率）。Big 6 模型为我们提供了一个有效解决问题的分析框架和规范步骤，既是一种方法，也是一种工具，为个人信息素养的进一步培养和形成提供科学的途径和方法②。

3.4.4　埃利斯信息搜寻模型

埃利斯（David Ellis）等人通过对社会科学研究人员进行实证调查构建了信息搜寻模型，包括的特征：开始、链接、浏览、追踪、区分、提取、核实、结束（如图 3 - 8 所示）③，既包含对信息搜寻行为的微观分析（开始、链接、提取、核实、结束），也包括对信息行为的普遍的宏观分析（浏览、追踪、区分）④。①开始：用户开始信息搜寻的初始阶段，用户广泛地寻求与新的研究主题相关的文献，希望以此发现研究的关键性文章，如向知识渊博的同事求助；②链

---

① "Big 6 skills overview," Accessed September 20, 2014, http://big6.com/pages/a-bout/big6 - skills-overview.php.

② 杜安平、周期玉：《Big 6 与当代大学生的信息素养构建》，《情报理论与实践》2006 年第 6 期。

③ Ellis D., Cox Dand Hall K., "A comparison of the information seeking patterns of researchers in the physical and social sciences," *Journal of Documentation* 49 (1993): 356 - 369.

④ Wilson T. D., "Models in information behaviour research," *Journal of Documentation* 55 (1999): 249 - 270.

接：通过已知资料的参考文献、注释或通过引文索引对相关信息进行"向前"搜寻；③浏览：采用"半直接、半结构化搜索"一方面可以对信息更加熟悉，另一方面可以对信息进行区分；④追踪：关注某些特定信息，保持最新信息获取和最新的搜索意识；⑤区分：利用已知的信息资源的区别对获取的信息进行筛选；⑥提取：在信息源中有选择性地识别出相关资料；⑦核实：对获取信息的准确性进行核实；⑧结束：通过最终的搜索进行"查漏补缺"。

图 3 - 8　埃利斯信息搜寻模型

3.4.5　最小努力原则

1948 年齐夫（G. Zipf）完成了他的专著《人类行为与最小努力原则》，在书中引用了大量的统计数据对"最小努力原则"做了精辟的阐述。齐夫认为人的行动是有目的的，所付出的努力、组织事物的方式以及一切打算都遵从这一原则，以便"以最小的努力获得最大的收益"[①]。在信息选择和处理的过程中，个体行为同样符合"最小努力原则"。人们在进行信息选择的时候，根据的往往是速度而不是最优化结果。在当前信息社会中，人们会有意去回避复杂的信息获取渠道，而利用便捷、易获取的信息源[②]。信息心理学研究证明，知识产出是一个艰难而痛苦的过程，人们在获取信息时，总希望付出最小努力换取必要结果，因而人在搜寻信息的过程中倾向于那些易于选择、易于使用的信息源。齐夫最小努力原则表明人们不

---

① "Principle of least effort," Accessed September 20, 2014, http://en. wikipedia. org/wi-ki/Principle_ of_ least_ effort.

② 乔欢：《信息行为学》，北京师范大学出版社，2010，第 64—65 页。

知道他们未来的问题是什么，或者目前的工作花费是如何影响这些问题的，因此个人需要估算未来的困难并决定采取何种行为能达到工作的最小平均水平。通过齐夫最小努力原则我们可以看出对个人信息集合的创建和管理是一个过程，伴随着个人对信息组织和管理行为利弊的评估。

第4章　科研人员个人学术信息
管理行为相关概念

4.1　行为和信息行为

　　行为科学研究的目的在于描述行为、预测行为、测定行为原因、理解或解释行为①。行为科学认为，个体的行为不仅是有机体对于刺激的反应，同时也是个体经过一系列动作实现预期目标的过程。人类行为有四方面特征：驱动力、目的指向性、行为可以改变、行为随个体生命周期而显示出阶段性的特点。从 20 世纪 80 年代信息行为研究从系统为中心向用户为中心转变，不同学科都在不同程度上对用户信息行为研究进行关注和研究，而图情领域在对人类信息行为的解释上处于主导地位②。关于信息行为的定义，不同的学者对其进行了不同定义，如泰勒（Robert S. Taylor）将信息行为等同于使信息变得有意义的所有活动。③ 威尔逊（Thomas D. Wilson）认为信息行为是指与信息源和信息渠道相关的人类行为的总和，包括主动的和被动的信息搜寻和信息使用。④ 斯宾克（Amanda Spink）

---

① 保罗 C. 科兹比、斯科特 C. 贝茨：《心理与行为科学研究方法》，张彤译，机械工业出版社，2014。

② 孙玉伟：《用户信息行为研究的理论基础探源（上）》，《图书馆杂志》2011 年第 10 期。

③ Taylor R. S., "Information use environments," *Progress in Communication Science* 10 (1991): 217 – 251.

④ Wilson T. D., "Human information behavior," *Informing Science* 3 (2000): 49 – 55.

等认为信息行为是关于单一主题或多个主题的信息搜寻、信息觅食、意义构建、信息搜索、信息组织和信息使用的一个整合过程。① 信息行为是人类收集和获取信息行为的综合，人类信息行为是一个可以直接观测到的外显动作过程，同时又是一个难以观察的内在心理过程。从广义上来看信息行为是指与信息资源和信息渠道有关的全部的人类行为；从狭义上来看信息行为是指用户为了满足某一个特定的信息需求，在外部情境作用刺激下所体现的信息获取、信息查寻、信息传播与交流、信息吸收和利用的行为，如信息需求的认识与表达行为、信息查寻行为、信息组织和使用行为等②。人类总是在进行信息查询、组织和利用从而不断解决遇到的问题或为持续生存服务，Web 2.0 和信息技术的不断发展使得人类产生了更强烈的信息需求，因此信息行为也更加复杂③。信息行为从 1948 年开始成为图书情报学研究的一个重要方向。图书情报学领域研究者更为关注的是人类主动的信息行为，包括查询、检索、归类、利用等信息寻求以解决问题的方法④。用户信息行为是个体在认知支配下所作出的具体行为，建立于信息需求和动机上，通过信息查寻、信息选择、信息检索等过程，是一个动态连续和逐渐深入的过程，在这一行为过程中个体需要利用合适的信息系统并实施正确的信息检索策略等具体操作。

从 ASIST 年会论题的热点可以看出情报学研究以用户为中心，注重对用户的信息行为的研究，是为了提供更加能满足用户信息需

① Spink A., Park M. and Cole C., "Multitasking and coordinating framework for human information behavior," In Spink A., Cole C. eds., *New Directions in Human Information Behavior* (Dordrecht: Springer, 2006), pp. 137 – 154.

② 胡昌平:《信息服务管理》，科学出版社，2003，第 139—140 页。

③ 王知津、韩正彪:《信息行为集成化研究框架初探》，《中国图书馆学报》2012 年第 1 期。

④ 上海市哲学社会科学规划办公室、上海社会科学院信息研究所编《国外社会科学前沿 2011 年第 15 辑》，上海人民出版社，2012，第 583 页。

求的信息服务①。赖茂生教授组织的专题"情报学学科建设的前沿领域"采用德尔菲法、文献调查和内容分析法对情报学近十年来的国内外文献和研究立项情况进行了系统、全面的调查和分析，从而确定了情报学的 10 个前沿领域②，其中第六个是"网络用户行为研究"，重点是用户搜索行为、人机交互理论与技术和认知模型研究。从人的社会心理、认知心理分析出发，对于信息行为的发生原因、表现形式、环境特点及各类制约和影响因素的研究，构成信息行为学的研究课题③。深入探讨人类的信息行为，能够为开发设计人性化信息系统或信息工具提供理论依据，也可以有效地节省信息获取的成本，提高学习、工作的效率④。

4.2 科研人员学术信息行为

情报学研究的主要问题之一是人的信息行为，信息行为研究不仅仅关注各种类型的信息行为，包括信息查询、信息搜索、信息利用等行为类型为研究对象，而且也关注不同人群的信息行为，不同用户群体的信息行为是情报学研究者关注的热点。不同群体包括不同职业、不同社会角色和不同人口学特征的群体，具体包括"科学家、工程师、学者、科研人员、管理人员、律师、医生、市民、消费者、病人和学生等"⑤。科研人员指那些专门从事或主要从事研

---

① 黄晓斌、梁颖殷：《从 ASIS & T 年会主题看情报学研究的热点及发展》，《情报理论与实践》2009 年第 1 期。
② 赖茂生：《把握前沿，规划远景，扎实推进学科建设》，《图书情报工作》2008 年第 3 期；赖茂生、王琳、李宇宁：《情报学前沿领域的调查与分析》，《图书情报工作》2008 年第 3 期。
③ 杨文欣等：《基于文献的情报学前沿领域调查分析》，《图书情报工作》2008 年第 3 期；赖茂生、王琳、李宇宁：《情报学前沿领域的确定与讨论》，《图书情报工作》2008 年第 3 期。
④ 乔欢：《信息行为学》，北京师范大学出版社，2010，第 11—12 页。
⑤ 上海市哲学社会科学规划办公室、上海社会科学院信息研究所编《国外社会科学前沿 2011 年第 15 辑》，上海人民出版社，2012，第 194 页。

究，并具备一定的知识水平和科技能力的科研和科技人员①，他们具有一定的科研课题任务，经常需要搜寻与科研课题相关的学术性文献信息②。Web2.0 环境下学术信息的生产、传播、交流、评价和利用等都发生了改变，科研人员是学术信息的生产者、收集者、传播者、评价和利用者。开放数字信息环境下科研人员依存的学术信息环境发生了深刻的变化，学术科研信息行为模式和科研信息需求也发生了显著变化。信息技术的不断发展带来信息环境数字化和开放化的特征，科研人员的信息行为也呈现出多样化、个性化和专业化特征。科研人员的信息行为具有特殊性，主要包括专业信息查询行为、信息交流行为和信息利用行为，对于数字环境中科研人员信息行为的研究成为学术界所广泛关注的重要主题，对于学术信息门户的搭建、专业搜索引擎设计以及有效提升学术科研服务的质量和效率具有理论指导意义③。科研人员存在研究方面的多种信息需求，是研究资源和研究工具的使用者，其信息行为是以启发、达成、促进研究为目的，信息行为分为：信息的调查、探索、浏览、组织、分析、反馈、发布等④。本书认为科研用户学术信息行为是科研用户从事的与科研信息相关的行为，主要是指科研人员为了满足其在科研活动中的信息需求而采取的信息查寻、信息选择、信息组织、信息利用和信息传播与分享的行为过程。

（1）学术信息需求的表达行为

按照行为科学的看法，人的行为是由动机决定的，而动机又是由需要引起的，因而，需求是行为的主动力，人的任何行为都是为了达到某种目标的满足。随着社会环境和用户认知状态的变化，信

---

① 牟秉华主编《中国社会经济统计百科全书》，湖北教育出版社，1994，第 542 页。

② 甘立人、高依旻：《科技用户信息搜索行为特点研究》，《情报学报》2005 年第 1 期。

③ 沙勇忠、阎劲、苏云：《网络环境下科研人员的信息行为分析》，《情报科学》2004 年第 4 期。

④ 孟凡静：《基于社会网络的图书馆学术研究平台构建》，《图书馆学研究》2012 年第 11 期。

息需求同时也会发生改变。当科研人员意识到自己的知识构造出现了某些问题，想要解决这些问题就会产生信息需求。科研人员在解决遇到的学术问题时就会产生一定的信息需求。科研人员对专业性强、理论层次高的学术科研信息有极大的兴趣，对信息的全面性、系统性和准确性要求较高。学术研究是在继承前人成就的基础上进行知识再创造的探索性工作，学术信息既是学术研究的对象，又是进行学术研究的工具。科研人员学术研究就是对学术信息获取、累积、组织整理、交流共享及利用和创新的过程①。当个体的知识无法解释原有知识所产生的不确定性时，就会产生信息需求的感觉②。心理学研究表明需求是行为发生的根本基础，学术信息需求的表达行为是引发其他信息行为（如信息搜寻行为、信息组织行为、信息利用行为）的基础，是科研人员学术研究成功的重要前提条件。科研人员学术信息需求是科研人员为解决学术研究中遇到问题所表现出的对信息迫切需要的感觉，是科研人员对科研课题相关或论文写作相关学术信息的需要和要求。科研人员学术信息需求具有"高""快""广""新"的特点。"高"是由于科研人员学科领域较为固定，其需求的信息内容范围也较狭窄，需求的信息源主要是经典书籍、学术期刊、学位论文、研究报告等，对信息的准确性和可靠性要求较高③，是由科研人员所具有的知识结构决定的。"快"是指科研人员希望获取信息途径快速简捷，是由学术研究时间性和阶段性决定的。"广"是指科研人员希望获取到形式种类和内容广泛多样的学术信息源，是由学术研究的深度和广度决定的。"新"是有学术研究的创新性决定的，即必须全面掌握最新的研究动态，及时吸纳最新的科研成果④。

---

① 夏立新：《学术信息需求表达的障碍及对策》，《图书情报知识》2003年第6期。

② Home E. E. , "Question generation and formulation: Anindication of information need," *Journal of the American Society for Information Science* 34（1983）: 5 – 15.

③ 侯延香、王霞：《信息采集》，知识产权出版社，2012，第51页。

④ 夏立新：《基于 WWW 的学术信息检索策略》，华中师范大学出版社，2004，第28页。

（2）学术信息搜寻行为

科研人员学术信息搜寻的目的是获取其所需的学术信息，主要是指科研人员为完成科研任务或解决某一问题而采取的策略，并通过一系列的外在的信息活动表现最终获得所需信息的过程，主要包括主动的学术信息搜寻行为如信息检索和信息浏览，被动的学术信息搜寻行为如信息偶遇。主动的学术信息搜寻行为是科研人员具有明确目的、计划和清晰的信息需求表达的搜寻行为，被动的学术信息搜寻行为可能是目的性或者无目的性的意外突然发现信息的被动行为。科研人员学术信息搜寻行为也遵循信息源利用可近性、学术信息搜寻系统或平台易用性和齐夫最小努力原则的影响。科研人员在信息搜寻过程中总是希望通过最少的努力获取最大的信息收益，可近性与易用性相辅相成，是决定某一信息源、信息渠道、信息系统或信息服务能否得到利用的重要因素。

（3）学术信息选择行为

学术信息选择行为是指科研用户在信息查寻结束后对检索、浏览或者偶遇到的信息会根据自己的需求，在已有的知识积累的基础上对获取的学术信息作出判断和选择的行为，是对查寻获得信息进一步优化的过程。随着互联网的普及应用以及学术信息资源的易获取，学术信息查寻结果会涉及大量冗余、重复的信息，因此需要及时、有效地对获取的学术信息进行判断选择，剔除无用重复信息，为科研人员进一步的学术研究节省时间和精力。在对获取的学术信息进行选择的过程中，科研人员首先会对学术信息的可靠性和内容的真实性进行判断，即学术信息来源是否可靠、学术信息内容是否准确真实；其次要对学术信息的相关性和适用性进行判断，学术信息是否能够满足当前科研需要或是可能对未来科研有用[1]。

---

① 庄善洁、朱翃、迟秀丽：《泛在知识环境下的大学生信息素养教育》，知识产权出版社，2012，第 50—51 页。

（4）学术信息利用行为

科研人员获取学术信息的最终目的是利用，从而解决所遇到的问题。面对获取的学术信息，科研人员通过对其识别和整理，凭借个人的学习能力，对学术信息进行理解吸收并将其纳入自己原有的知识结构中从而形成新的学术研究成果，实现学术研究创新。学术研究的模式可以总结为学术研究开始、提出研究问题、产生和表达信息需求、实施信息搜寻、合理有效地组织信息、高效地利用信息、实现信息创新并发布研究成果。

（5）学术信息交流行为

信息具有动态性，科学研究的发展与进步离不开学术信息的交流。它是科研人员产生创作灵感的重要环节，是科研工作和学术生涯的组成部分。随着信息技术和互联网的迅猛发展，传统的以纸质材料为主的学术信息交流模式逐渐转变为网络化学术信息交流模式[①]。信息交流行为可以分为正式交流和非正式交流，在数字网络信息时代科研人员学术信息交流的主要方式是非正式交流，是学术信息交流和共享的过程，通过交流产生思维的火花和新理念、获取新的学术信息，从而实现学术研究的创新和进一步发展。

4.3 科研人员个人学术信息管理行为

随着现代信息技术和互联网的进一步发展，原来以纸质载体为主、人工传递的学术信息，已经转变为以数字化学术信息为主、网络传播的形态。科研人员在科研过程中所需的信息与一般意义上的信息存在一定的区别，主要表现为其对信息的质量和准确性要求较高，并且需要能够反映本学科研究的前沿发展水平和发展动态，具备良好的学科内容范围。学术信息是指包含较高学术价值，能够满

---

① 李逢庆、李来胜：《研究型大学教师学术信息行为调查与分析》，《现代教育技术》2012 年第 4 期。

足科研人员学术科研需求的信息[①]，是科研人员在研究过程中经过思索和研究产生的对自然界和人类社会的新知识，蕴含着人类智慧的结晶[②]。个人学术信息是指个人保存的并为自己所控制和使用的学术信息，其特点主要有以下三点。①类型多样。个人学术信息资源层次多样，按照学术信息的媒体表现形式可以分为文本学术信息、多媒体学术信息和超文本学术信息等；按照学术信息的交流方式可以分为非正式出版学术信息、半正式出版学术信息和正式出版学术信息；按照学术信息的来源可以分为图书、期刊、会议论文、学位论文、专利和标准等。②累积增值性。由于学术研究活动的特点，即学术研究具有一定的继承性与延续性，从而导致了部分学术信息资源的价值随着时间推移，具有一定的累积增值性。③信息分散性。学术研究过程是对信息利用并实现知识创新的过程，科研人员在从事课题、项目研究中会随时随地保存有价值的学术信息，产生创作灵感和笔记，随着个人所拥有的信息设备增多，不同设备之间的信息如何进行同步和共享并满足科研人员的实时需求成为亟待解决的问题。包冬梅等人提出个人科研信息空间的概念，是特指面向学术科研人群的、服务于科研活动的、专属的个性化信息活动环境[③]。

琼斯（William Jones）将个人信息分为个人所拥有或控制的信息，关于个人的信息，指向个人的信息，由个人发送、邮寄或提供的信息，个人曾经遭遇的信息，与个人相关或有用的信息[④]。本书所研究的个人学术信息属于第一种类型，个人可以对其进行修改、删除、更新等操作，随着信息技术和互联网的快速发展，数字化信息

---

① 曾红岩：《数字化学术信息资源利用》，西南交通大学出版社，2011，第3—19页。
② 王莹莉：《基于微博的网络社区用户学术信息交互行为研究》，硕士学位论文，西南大学，2013。
③ 包冬梅、戴维民：《个人科研信息空间相关研究综述》，《数字图书馆论坛》2012年第5期。
④ Jones W., *Keeping Found Things Found—The Study and Practice of Personal Information Management* (Burlington: Morgan Kaufmann Publishers, 2007), p. 34.

资源在个人拥有的信息量中占据越来越大的比重，因此本书的重点是对数字化个人学术信息进行研究。

科研人员的主体主要是高等院校中的师生和科研院所的工作人员，他们大都掌握了数量不少的科研信息资料，需要在科研过程中对信息进行组织和整理以便日后查找利用。随着数字化学术科研时代的到来，科研人员如何对获取的繁杂的信息资源进行有效的组织和管理，解决信息爆炸、信息焦虑与个人信息需求之间的矛盾，以便日后学术科研活动的顺利开展，从而不断提升自身的学术创新能力和竞争力显得尤为重要。有效的信息组织能够极大地提高科研人员的学习、工作效率，促进信息更加充分的利用，从而提升科研人员的知识创新能力。个人学术信息管理是个人信息管理的一个研究分支，是对个人学术信息进行有效管理的科学方法。本书认为个人学术信息管理是个人对自己控制和拥有的数字化学术信息进行管理的过程，包括个人学术信息保存、个人学术信息组织和维护、个人学术信息再现和利用。个人学术信息管理以学术信息为基础，以实现知识创新和共享为目标，将学术信息看作一种可以开发利用的资源，通过对个人学术信息进行有效和科学的管理，有目的、及时、高效地更新自己的知识和技能。个人学术信息管理的实质在于帮助科研人员整合自己的学术信息，增强信息素养，不断完善自身的学科知识构架，从而提升工作效率和个人竞争力。心理学上将人们以期望、兴趣、理想等形式所体现出的，激发和维持个体行为，并且是为了实现某个目标的心理过程叫作动机。信息动机是信息行为发生的根本动力，是内在条件即信息需要和外在条件刺激共同作用的结果。科研人员个人学术信息管理行为产生的内在条件是科研人员在学术研究时感到需要对个人所拥有的学术信息进行有效的组织和管理。外在条件是科研人员所面临的外在环境中有形或无形的刺激，其中信息意识和所处环境的影响最为显著①，信息意识的重要性在于

---

① 苗春生：《信息管理基础》，中国矿业大学出版社，2004，第34—35页。

使科研人员了解自身的学术信息需求，从而使得其行为更加具有预见性和目的性。随着信息技术的发展和信息存储成本的不断下降，以及学术研究的进一步深入科研人员面临个人学术信息量不断增加的信息环境，这与其有限的时间和精力之间的矛盾也在不断加深。信息爆炸、超载、分散带来了各种良莠不齐的信息，如何树立科学的学术信息选择和整合意识，对学术信息进行分析和筛选，将查寻到的相关度较高的学术信息与已有的知识进行整合，从而不断完善科研人员个人学术知识结构体系。

（1）个人学术信息保存行为

用户对于是否保存信息和如何进行保存的决定来自对该信息预期未来的使用价值的判断[①]。个人信息管理的一个重要行为就是保存信息以确保日后使用，个人保存信息的原因就在于他们认为信息具有潜在有用性并希望未来能及时找到[②]。个人学术信息保存行为是指科研人员对通过信息查寻或者信息偶遇获得的学术信息作出相应决定和行为，通过自己对信息价值的判断将对自己有用或者潜在有用的信息保存起来，以确保将来能够使用该信息。对信息进行及时归档或采取堆积处理都有其各自的优缺点，对于将判断为有用的信息创建新的文件夹进行保存或者恰当地归档到现有的合适的文件夹中，这会带来认知上的困难，往往更容易出错[③]。科研人员在对个人学术信息进行保存时主要面临以下问题。①信息过载。信息技术和存储设备的不断更新发展，学术信息资源数量和可获取渠道的增多，科研人员将大量的学术信息资源保存到个人存储空间中，面临着及时清理工作空间内学术信息以减轻存储压力的难题。②对学术信息价值进行判断和评估。信息爆炸时代，信息数量呈现几何级数迅速增

①　Kwasnik B. , "How a personal document's intended use or purpose affects its classification in an office," *Acm Sigir Forum* 23 （1989）: 207 – 210.

②　Bruce H. , "Personal anticipated information need," *Information Research* 10 （2005）: 232.

③　Lansdale M. W. , "The psychology of personal information management," *Applied Ergonomics* 19 （1998）: 55 – 66.

长。信息的丰富和无序影响了个体的信息提取，因此信息分析能力尤为重要。信息分析能力是在获取大量信息的基础上，运用信息科学理论，对所获得的信息进行真伪、良莠的选择、判断、评价的能力。随着课题项目研究的进一步发展和个人研究兴趣的转变，部分学术信息价值随着利用和时间的变化而逐渐递减，需要用户及时清理失去价值的信息并对查寻或偶遇信息的价值进行判断，以便及时保存满足日后的使用。③由于人类大脑的记忆有限性，人们会选择使用信息载体（电脑、移动硬盘、云盘、平板电脑等）存储信息，一方面信息存储设备的成本降低便于人们保存更多的信息，但是这也带来了信息存储分散的问题，信息不能够及时同步更新。适当的增加信息冗余可以保证信息完整与信息安全，但是同时也会给管理带来困难。

（2）个人学术信息组织行为

数字化环境信息大爆炸导致人类信息行为发生变化，人们信息选择和比较的范围大大提高，获取信息的速度也远超过去，信息组织管理行为也将发生彻底变革。科研人员个人学术信息组织行为遵循简单、易用和经济原则，往往根据自身需要构建分类体系。科研人员花费时间对获取的学术信息进行合理有效的组织的重要原因就是希望日后能够快速进行信息再现。个人学术信息组织行为是构成个人学术信息管理行为的一个重要部分，主要关注的是科研人员采取何种策略、工具对种类繁多的学术信息进行管理，如何确保个人隐私和学术信息的安全。信息类型不同（如电子文件、邮件、书签等）和信息分散也给信息组织带来挑战，不同信息类型保持组织一致性和同步性往往很困难①。惠特克（Steve Whittaker）等人通过对办公室职员的调查发现用户很难通过应用一致的分类和组织结构构

---

① Boardman R. and Sasse M. A., "Stuff goes into the computer and doesn't come out: A cross-tool study of personal information management" (paper represented at the Proceedings of the SIGCHI conference on Human factors in computing systems, Vienna, Austria, 2004), pp. 583 – 590.

建有效的文件组织归档结构，而且在信息再现时也存在困难，用户经常会忘记已经创建的信息组织类别而重复建立相同或相似的类别，从而对信息的进一步维护和管理造成压力①。如果对信息不采取任何组织策略而实施堆放管理，虽然用户可以更容易地使用最近的信息，也不需要在信息维护和管理方面花费时间和精力，但是随着信息的不断增多会加剧混乱的状态从而对信息的存取造成很大的困难。

(3) 个人学术信息发现/再现行为

费尔德曼（Susan Feldman）指出人们现在面临的信息灾难在于缺乏有用的信息，无法在恰当的时间将合适的信息传递给迫切需要的用户，知识工作者要浪费 15%—35% 的时间去查找那些已经存在的信息②。巴罗（Deborab K. Barreau）等人的研究指出用户信息发现主要是通过回忆文件存储位置进行定位查找和利用关键词、文件名的逻辑关系查找进行，人们更倾向于通过浏览文件列表进行信息查找③。信息发现是与个人信息空间所进行的持续、实时的交互，不仅包括需要的信息而且也包括偶遇的和用来查找所需信息的信息、组织构造和工具支持。信息再现时我们不仅需要利用我们对信息的记忆还要回忆我们何时遇见这一信息④。个人学术信息发现是学术信息查寻的一个特殊形式，信息发现不同于信息查寻行为，信息查寻的过程主要与一些公共服务信息系统或平台（如图书馆、搜索引擎）产生交互，而信息发现主要是从个人信息空间中查找已保存的信息的过程。科研人员完成项目所需的信息可能分散在不同的电脑、存储设备或应用程序中，设备的多样性和信息形式（电子邮件、网页、

---

① Whittaker S. and Hirschberg J. , "The character, value and management of personal paper archives," *ACM Transactions on Computer-Human Interaction* 8 （2001）: 150 - 170.

② "The high cost of not finding information," Accessed September 20, 2014, http://www.kmworld.com/Articles/Editorial/Features/The-high-cost-of-not-finding-information - 9534.aspx.

③ Barreau D. and Nardi B. A. , "Finding and reminding: File organization from the desktop," *ACM SigChi Bulletin* 27 （1995）: 39 - 43.

④ Jones W. , *Keeping Found Things Found—The Study and Practice of Personal Information Management* （Burlington: Morgan Kaufmann Publishers, 2007）, p. 82.

电子邮件等）多样性所带来的信息分散也会给信息再现带来困难，同时信息版本不同和不断的改动会使得信息分散变得更加严重，人们往往不能记住信息存储的位置。随着学术科研的进一步发展，个人学术信息存储量也在不断扩大，成功查找信息的难度也在增加。个人学术信息再现是一个多步骤的过程，往往是由用户的信息需求所触发，通过记忆和识别对个人科研信息空间内信息进行搜索和浏览，从而找到所需信息。

第5章　基于扎根理论的科研人员个人学术信息管理行为影响因素研究

5.1　研究问题与研究程序

5.1.1　研究问题

本书的研究问题主要是以下几个方面。

第一，学术信息的获取与保存。对于每天会"遭遇"到的各种潜在有用的信息，科研人员是否有将信息保存下来以备日后使用的习惯？科研人员对于遇到的学术信息是如何保存的？科研人员如何获取所需的学术信息？科研人员是否会利用社会化媒体平台或工具（如邮件订阅、微博订阅、微信订阅等）主动定制获取学术信息？

第二，学术信息的组织和管理。科研人员针对不同类型的学术信息采用何种组织和分类方法？科研人员是否会采用一些工具对不同类型信息进行统一管理？科研人员是否会定期对个人学术信息进行更新整理（如删除无用信息、对相似信息进行合并处理等）？科研人员如何实现不同电子设备中信息的传输、同步和共享？科研人员在维护个人学术信息安全方面都有哪些措施？

第三，学术信息再现。科研人员采用什么途径定位和查找曾经保存过的信息？在查找已经保存过信息的过程中遇到过哪些问题？

5.1.2　研究方法及其可行性

个人信息管理活动本质上是一种行为，研究领域主要是在社会学和心理学等社会科学领域。自然主义研究方法是一种整体的、情境的方法，关注参与者所处的自然环境，采用自然主义研究方法研究个人信息管理行为能够使研究者更深入、全面地了解日常生活中的个人信息管理行为。自然主义研究方法中使用的数据收集方法包括观察法、访谈法、日志法、问卷调查、案例研究、文本分析、有声思维和焦点小组等①。鉴于缺少对科研人员个人学术信息管理行为的研究，本研究采用质的研究——扎根理论研究方法，对科研人员进行深度访谈的资料进行分析，以分析影响科研人员个人学术信息管理行为的主要因素。

扎根理论是一种更有效和已经经过检验的方法，并且越来越多地得到行为研究者的使用。因为研究时间的限制对一个新问题的研究不可能花费太长的时间获得对对象的认识，通过扎根理论的方法能够在较短的时间形成对问题比较深入的认识，这是一个不断问问题、作比较、分类、构建联系和理论发现的过程。扎根理论方法随着归纳和演绎两种认识方式，概念归类范畴化的过程就是归纳思维，总结范畴之间联系的过程就是演绎，通过两种思维的并用和互动，使得运用扎根理论构建的理论是暂时验证过的理论，是得到丰富的证据资料支持的实质理论②。运用扎根理论方法研究科研人员个人学术信息管理行为影响因素是必要的也是可行的。就必要性而言，目前国内学术界对这一问题还没有明确认识，扎根理论提供了理论建构的方法，采用扎根理论可以对不容易观测到的行为模式进行概念化的呈现。就可行性而言，笔者经过 10 个月的资料收集和分析，不断修正访谈大纲，对科研人员进行面对面深入访谈获得大量丰富的访谈资料。本书严格按照该方法的四个基本步骤：界定问题、资料收集、数据分析和编码、理论构建，对涉及个人学术信息管理行为

---

① Jones W. and Teevan J., *Personal Information Management* (Seattle: University of Washington Press, 2007), pp. 76 – 88.

② 张敬伟、马东俊：《扎根理论研究法与管理学研究》，《现代管理科学》2009 年第 2 期。

的各种因素关系进行了深入探讨，从而深入揭示了其行为动机和影响因素。

5.1.3　研究程序

扎根理论方法的核心在于避免研究人员进行主观的、先入为主的假设，使研究问题和最终结论从社会过程和对其研究中自然涌现，其研究是一个动态的过程。本研究根据潘迪特（Naresh R. Pandit）的扎根理论方法将研究程序分为如下五个阶段（如图 5 - 1 所示）[①]。①研究设计。包括将研究问题和初步构想梳理清楚而进行的文献探讨和立意取样典型案例进行分析，形成可以解释的理论。②收集资料。设计严谨的资料收集方法，可以采用多元的资料收集的方法来收集质的或量的资料，如观察法、访谈法和文本分析法等。③资料整理。可以按照事件的先后顺序排序从而有助于下文资料分析。④资料分析。采取开放式编码、主轴编码和选择式编码对资料进行分析，并采用理论抽样的原则进行比较和修正，以构成更加完整的

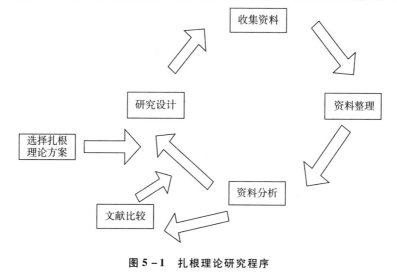

图 5 - 1　扎根理论研究程序

---

① 　Pandit N. R. , "The creation of theory: A recent application of the grounded theory meth-
od," *The Qualitative Report* 2 （1996）: 1 - 14.

理论模型，达到理论饱和。⑤文献比较。现存的文献存在不一致，进行比较和修正则能更好地改进研究设想，从而提升研究的内在效度；如果建构的理论和现有的文献类似，进行比较就能够发现更为普适化的结论，从而提升研究的外在效度。

5.2　研究设计

5.2.1　理论抽样

抽样是指根据研究的需要对相关的人、事件、地点、行为和意义等进行选择的行为。质的研究的样本一般比较小，采取的是目的性抽样的原则，就是根据研究对象和研究目的确定抽样的标准，只选择那些本身具有最大化信息量的样本。这种根据研究问题和研究设计进行抽样的方法即为理论性抽样[①]，研究过程中形成的概念、范畴或理论指导研究者进行进一步的抽样和资料搜集。理论取样是根据发展的概念和形成的理论有目的性地选择样本[②]，要求研究者选取经历过特定现象的参与者，从而进一步保证了数据质量。不同于一般量化研究抽样所要求的代表性，理论性抽样直接表明为求建立理论的深入所做的相关性抽样，故是研究者有目的"选择"抽样样本，所以样本并不要求整个团体的完整范围，只要求在类别中收集资料，为的是形成属性和假设。

扎根理论的目的是发现，因此资料的搜集以及有关的理论性抽样，都要以此为目的。研究者在开始扎根理论研究之前需要从以下几个方面思考抽样问题：①研究者要根据研究的旨趣选择一个团体或场合作为理论抽样的对象；②研究者要确定资料采集的方式，如实地观察、访谈等；③研究的议题若是有关发展过程，研究者要判

---

① Strauss A.，Corbin J.：《质性研究概论》，徐宗国译，巨流图书公司印行，2004，第 73 页。

② 吕力：《管理学案例研究方法》，经济管理出版社，2013，第 78 页。

断是针对一个人做历时性研究或是对不同人在不同时间进行理论性抽样[①]。斯特劳斯（Anselm Strauss）和科宾（Juliet Corbin）提出三种形式的理论性抽样，即开放性抽样（open sampling）、关系性和差异性抽样（relational and variational sampling）、区别性抽样（discriminate sampling）。开放性抽样，与开放式编码有关，是指根据研究问题选择能为该问题提供最大涵盖面的研究对象进行访谈，从而尽可能地全面覆盖研究现象并从中发现建构理论所需的相关概念和范畴，通常是在访谈的开始阶段。关系性和差异性抽样与主轴编码有关，是在对访谈资料初步整理和分析的基础上，更加有针对地选择访谈对象，对从资料分析中呈现的概念和范畴进行梳理以弄清概念和范畴之间的关系，主要发生在访谈的中期阶段。区别性抽样是指随着访谈资料的增多，在不断分析归纳访谈资料的基础上建构理论假设，选择那些有助于更进一步完善理论的调查对象进行访谈，主要发生在访谈的后期。当研究人员发现增加新的资料也不会出现新的观点，而且也恰当地建立并确认了范畴之间的联系和理论架构后就形成"理论饱和"[②]，此时就可以停止对资料的进一步收集。

5.2.2　研究对象

根据研究目的将研究对象确定为具有学术科研背景的科研人员，他们手中掌握着很多科研相关的信息和资料，随着数字化对学术科研的影响，他们主要是利用计算机等数字设备对个人学术信息进行存储、组织和管理，因此有效的个人学术信息组织管理十分重要。为了调查参与者的个人学术信息管理行为，本研究基于扎根理论的研究方法，采取理论饱和抽样的方法对 17 位科研人员（男女比例为

[①]　Strauss A.，Corbin J.：《质性研究概论》，徐宗国译，巨流图书公司印行，2004，第 200—201 页。

[②]　孙晓娥：《扎根理论在深度访谈研究中的实例探析》，《西安交通大学学报》（社会科学版）2011 年第 6 期；Strauss A.，Corbin J.：《质性研究概论》，徐宗国译，巨流图书公司印行，2004，第 212 页。

6:11）进行面对面的包含开放性问题的半结构化访谈，访谈时间控制在40—60分钟，在参与者允许的情况下对整个访谈过程进行录音，并将录音全部转换成文本文件，转录字数共约12万字。此次访谈调查的时间从2013年8月到2014年5月。在当被访谈者样本数量达到17个后，理论开始饱和，没有出现新的概念和范畴。为了使访谈样本更具有代表性，本次调查的科研人员尽量来自不同的学科，涵盖了一级学科，涉及哲学、文学、历史学、经济学、新闻与传播学、图书情报学、法学、工学，具体访谈对象情况如表5-1所示。

表5-1　访谈对象的基本情况

参与人	性别	年龄（岁）	专业	教育程度（职称）
P1	女	35	汉语言文学	博士研究生（讲师）
P2	女	25	法学	博士研究生
P3	女	38	新闻传媒	博士研究生（讲师）
P4	男	37	计算机	博士
P5	女	30	电子商务	博士研究生
P6	女	26	历史学	博士研究生
P7	男	27	情报学	博士研究生
P8	女	26	出版发行学	博士研究生
P9	男	30	情报学	博士
P10	男	32	情报学	博士（讲师）
P11	女	32	情报学	博士（讲师）
P12	女	24	情报学	硕士研究生
P13	女	25	情报学	硕士研究生
P14	男	24	管理科学与工程	博士研究生
P15	女	27	经济学	博士研究生
P16	女	35	哲学	博士研究生
P17	男	27	机械制造自动化	博士研究生

5.2.3　资料收集

质的研究中有很多资料收集方法，如深度访谈是质的研究中最为常用的数据收集方法之一，其目的是收集被访谈者对生活世界的描述，分析其对描述现象意义的解释，从而有助于从被调查者中产生研究问题和理论。访谈具有启发性，可以和被访谈者碰撞思想的火花，通过对访谈资料的整理可以升华至理论层面。质的研究访谈的目标是从被访谈者的视角看研究问题，同时也去理解他们如何和为什么形成这样的视角①。在访谈过程中研究人员应该以一种参与者的姿态关注调查对象所关心的问题，尽可能地使用开放性问题，避免任何先入为主的引导，以了解被调查对象真正的想法。一般来说根据访谈问题设计状况访谈可以分为结构式访谈、半结构式访谈和无结构访谈；根据访谈的情境，可以分为正式访谈和非正式访谈；根据访谈的交流方式可以分为直接访谈和间接访谈；根据受访者的人数，可以分为单独访谈和群体访谈。扎根理论不但可以为访谈提供建构理论的手段和策略，而且还为其提供了分析资料的方法和步骤。

本研究选择深度访谈的原因在于深度访谈是一种互动性很强的调研方法，可以深入揭示被访谈者的感受和动机。本研究试图探讨科研人员个人学术信息管理行为的形成和影响因素，而个人学术信息管理行为由于其隐私性而不易观测，因此采用深度访谈可以深入到科研用户的学术科研经历，便于进行情感上的交流和互动。具体而言本研究采用半结构化访谈作为收集资料的主要方法，半结构化访谈（Semi-structured Interview）是在涵盖访谈主题提纲的基础上，研究者准备好研究主题与研究问题，但是有关提问的顺序以及问题的方向，常常依照受访者的响应与说出的故事而调整②，进而得到受访者对其中问题的解释和反馈。半结构化访谈是质的研究中常用的一种访谈方式，这种访谈方式比非结构化访谈要更有章法并且主题突出，要求研究人员事先准备一些指导性的问题。非正式访谈可以

---

① 詹妮弗·埃文斯：《心理学研究讲义》，苏彦捷等译，重庆大学出版社，2010，第142页。

② 瞿海源等：《社会及行为科学研究法（二）》，社会科学文献出版社，2013，第34—57页。

帮助研究人员对研究问题有初步的了解，而半结构访谈能够提供更多、更深入的信息，能在较短的时间收集到较多而且相对真实的数据资料。同时，半结构化访谈与严格规定程序的结构式访谈相比，为研究人员提供了随机应变的空间。研究人员可根据访谈对象提供的信息灵活处理一些需要提出的访谈问题。

本研究所实施的科研人员个人学术信息管理行为半结构化访谈的基本步骤包括以下三步。

第一，确定研究主题，提出研究假设并初步制定访谈大纲，进行预访谈并进一步修改完善访谈提纲。访谈者需要明确自己的研究问题，根据研究假设确定访谈范围，需要注意的是一切有利于研究假设的问题都是访谈的问题。一般情况下，访谈者会提前设计访谈提纲，按照提纲有步骤地进行提问，保持访谈的完整性和系统性。进行访谈前的预研究是开展研究的一个重要方面，可以借此发现参与者能否理解指导语和访谈问题，并据此对研究做出相应调整，可以进一步提高研究的严格性，从而保证从结果和解释中所得结论的效度①。在最初的半结构化访谈提纲制定完成后，笔者邀请了两名科研人员进行预访谈并对访谈提纲提供相应的意见修改，然后根据意见对访谈提纲进行修改完善。

本研究的半结构化访谈提纲（访谈大纲见附录1）主要包括三个部分。第一部分是访谈目的，主要由笔者向受访者介绍本次访谈的目的主要是对科研人员个人学术信息管理的现状和存在的问题进行调研，并且强调此次访谈资料将严格保密，不会触碰受访者的任何隐私性信息。第二部分是个人背景知识调查，主要是调查受访者目前拥有的电子设备和电脑使用学习时间，学术信息资源管理的相关经历，如他们认为对个人学术信息管理是否重要、对目前个人学术信息的管理是否满意、在管理个人学术信息遇到过哪些问题等。

---

① 詹妮弗·埃文斯：《心理学研究讲义》，苏彦捷等译，重庆大学出版社，2010，第144页。

第三部分是对受访者个人学术信息管理行为实践进行调研，主要从学术信息获取与保存、学术信息组织与管理、学术信息查找与再现三个方面进行，如"针对不同类型的学术信息你采用的组织和分类方法相同么？你一般采用何种方法进行组织？""不同类型的学术信息你是否会采用一些工具进行统一管理？""你是否会定期对个人学术信息进行更新整理？"

第二，确定访谈对象并实施访谈。本课题的访谈对象为具有学术科研背景的科研人员，为选择更加具有代表性的科研人员进行研究，笔者在选择访谈对象的时候主要对硕士以上学历的人群（包括高校教师）进行调研，主要是考虑到随着科研学术经历的不断深入，其所拥有的学术信息的数量也在不断地增多，对学术信息进行管理的需求也更为强烈。与此同时，还考虑的个人专业因素的影响，尽量选择不同的学科专业使得样本对象更具有代表性。质的研究不同于量的研究的抽样方法，其研究目的是深入探讨某个研究问题，只抽取那些对本研究具有最大化信息量的对象即可。为尽量确保访谈提问的前后一致性，对 17 位科研人员的访谈均由笔者单独完成。

研究对象确定后，在通过与受访者沟通后进一步选定访谈的时间和地点，在获得受访者同意后对访谈记录实施全程录音。录音记录可以使访谈者集中精力提问，以便于访谈者对访谈对象进行观察。访谈提纲的作用主要是起到一个提醒的作用，以免遗漏重要的内容，在访谈中笔者使用访谈提纲时采用一种开放、灵活的态度，会随着具体的情境和个人而不断调整访谈问题和顺序。每一次访谈结束都尽快对访谈文本进行转录，以免遗忘访谈过程中获得的重要信息。

第三，整理和分析访谈结果。没有整理的访谈文字资料是零散的、不系统的，很难从中发现问题。通过访谈收集的资料需要进行分析和整理，这是形成理论的前提。本书对访谈资料整理的主要方式是归类，在认真阅读访谈文本资料的基础上将反复出现的现象从中提取出来，并逐字、逐句对资料进行标记和归类。本书主要采取扎根理论的分析方法，主要的分析步骤和结果在下文会有详细的描述。

5.2.4 效度验证

效度是传统的实证主义量化研究的一个判断标准，目的是通过客观的测量和量化推论出一种普遍的法则。质的研究同样重视对效度的检验，这是判断研究质量的一个重要的标准。主要是衡量研究结果的有效性，也就是说通过研究得出的结果能否真实地反映研究对象，主要是探讨研究的结果和研究过程中部分、层次和环节之间的一致性程度。本研究主要从三个方面对研究进行效度验证①。①描述型效度。对外在可观测到的现象或事物进行描述的准确程度，以免在收集和分析资料时省略掉对研究问题至关重要的信息。②解释型效度。研究人员理解和表达被研究者对事物所赋予意义的确切性程度，这就要求研究人员要从被研究者的角度出发，从访谈语言中推断出被研究者看待世界以及建构意义的方法。③理论型效度。研究所依据的理论和从研究结果中构建的理论（概念以及概念范畴之间的关系）是否能如实反映所研究的对象。本研究使用专家调查法选择信息管理和信息行为方面的研究专家，对半结构化访谈提纲和最终形成的理论框架进行整体把握，并从以上三个方面进行评价，最后笔者再根据评价结果进行修改，从而形成最终的理论框架。扎根理论方法将搜集资料和假设验证结合起来，在此过程中已经蕴含了检验程序。通过扎根理论规范、严谨的研究过程所建构的理论深深扎根于经验数据，而且其研究能够被回溯检查，在一定程度上实现了重复检验，使得理论建构成为一个科学过程，提高了研究的信度和解释力，是质的研究中最为科学的方法论②。

---

① 陈向明：《质的研究方法与社会科学研究》，教育科学出版社，2000，第389—395页。

② 贾旭东、谭新辉：《经典扎根理论及其精神对中国管理研究的现实价值》，《管理学报》2010年第5期。

5.3　资料编码分析

资料收集、整理完毕后就进入了扎根理论的编码分析阶段（如图 5-2 所示）。编码是对访谈资料进行系统分析和整理的第一步，是根据多个分类标准对访谈资料进行归纳总结，提炼相关概念和范畴的过程①。对资料进行编码是扎根理论分析的基本方法，即对研究资料进行分解、概念化和重新组合，它是从研究资料中建构理论的核心步骤。编码的目的是对被访谈者的叙述性数据进行解释和构建意义。编码是对访谈资料逐字、逐句、逐段进行分解并加以标签，即将个别的时间或现象赋予一个概念性的范畴。扎根理论最重要的环节就是对收集而来的资料进行编码，主要包括三种形式的编码：①开放式编码（open coding），将资料打散并对其赋予概念，采用新的组合方式进行操作的过程。目的在于提取概念范畴、命名范畴并确定其维度，并对研究现象进行命名和范畴化。开放式编码的具体程序为现象的定义（概念化过程）—发掘范畴—命名范畴—进一步拓展范畴的性质和面向。对范畴的性质和性质的面向进行定义是为了确保概念到范畴的凝练更加科学贴切，确保研究过程的程式化以提高研究质量。概念和范畴的命名有多种来源，有的来自学科已有的概念，有的来自文献资料，有的来自访谈资料，为了得到最能反映资料本质的概念和范畴，需要在资料、概念和范畴之间不断循环往复考察②。概念化和范畴化的过程将访谈文字资料转化为有利于比较和分析的单位，引导研究者对资料中所反映假设和现象提出问题，从而进一步推动研究者探索、识别和发现范畴间的关系③。②主轴编

---

① 孙晓娥：《扎根理论在深度访谈研究中的实例探析》，《西安交通大学学报》（社会科学版）2011 年第 6 期。
② 李志刚、李兴旺：《蒙牛公司快速成长模式及其影响因素研究——扎根理论研究方法的运用》，《管理科学》2006 年第 3 期。
③ 李志刚：《中小水产品加工企业成长研究——基于扎根理论方法的分析》，经济管理出版社，2012，第 72—73 页。

码（axial coding），在整理访谈资料的过程中，主轴编码是对开放式编码进行思考、梳理和分析的基础上，归纳和合并概念范畴，将各个独立的范畴联系起来，发现并建立不同范畴间的潜在关系，是经由演绎和归纳，采取和开放式编码里不断问问题和作比较的方法，将副范畴与范畴联结在一起的一种复杂过程。主轴编码的分析程序主要在建立范畴和子范畴之间的联系，找出范畴之间的关系，以建立理论架构。范畴之间的常见关系有因果关系、语义关系、结构关系、先后关系等。③选择性编码（selective coding），处理的分析层次更加抽象，对已经形成的概念范畴进行分析形成"核心范畴"，将核心范畴和其他范畴系统地联系在一起的过程。通过"故事线"来梳理和发现核心范畴，从而将核心范畴和其他范畴联系起来，并通过资料和正在建构的理论完善范畴之间的关系，从而建立起一个扎根理论。本书采用的是斯特劳斯和科宾提出的程序化扎根理论方法对访谈资料进行编码分析，编码过程中涉及的名词解释如表 5 - 2 所示。对访谈资料进行总结和归纳，提取出具有抽象化概念和范畴解释，以便于进一步深入了解科研人员个人学术信息管理行为的影响因素。

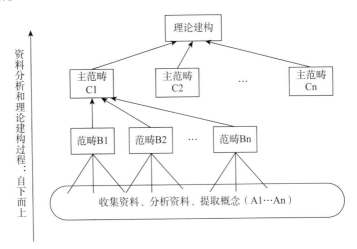

图 5 - 2   扎根理论编码分析研究过程

表 5 - 2　编码过程名词解释

名词	解释
概念（concepts）	对个别事情、事件或现象的概念性的标签，是资料分析的基本单位，建立理论的基础
范畴（category）	一组概念，由一个较高层次、抽象的概念统领，这个概念即称之为范畴
性质（properties）	一个范畴的特性或特质
面向（dimensions）	性质在连续系统上所处位置
因果条件（causal conditions）	导致某一现象产生或发展的条件、原因
现象（phenomenon）	会引起一连串行动/互动来管理或处理的核心观念、事件或事情
脉络（context）	行动发生的一组特殊条件，与某一现象相关的一组特定的性质
中介条件（intervention conditions）	结构性条件，在某个特定的脉络中针对某一现象而采取的促进或者抑制行动/互动上的策略
行动/互动（action/interaction）	针对某个现象在一组条件下采取的管理、处理和执行的策略
结果（consequences）	行动和互动的结果
故事（story）	针对某一研究的中心现象所做出的叙述
故事线（story line）	主范畴之间的典型关系结构
核心范畴（core category）	能将其他范畴结合起来的中心现象

资料来源：Strauss A.，Corbin J.：《质性研究概论》，徐宗国译，巨流图书公司印行，2004，第 69—133 页。

5.3.1　开放式编码

开放式编码是在初步对访谈资料进行分析的基础上对其进行概念化和范畴化。概念是访谈资料分析中对资料进行编码的最小意义单位，范畴是资料所表现的观点或主题。扎根理论确定的概念可以是一个词语、一个短语或是一个短句，但是必须能准确体现其对应资料的本质内涵。具体操作过程分为三步：①现象定义与摘要，将访谈文本中与研究主题相关的原始语句整理出来，分解为若干个独立事件；②形成概念，要尽可能简短、生动，并且贴近、契合数据（A1…An）；③提炼范畴，范畴相比概念而言更具有指向性和选择

性,它能以某一个概念为中心,将其他种类概念合并为概念群
(B1…Bn)①。经过分析和编码得出的概念和范畴可以有效地替代访
谈资料的大量内容,将资料转化为便于分析和比较的单位,进一步
对资料里反映的现象提出问题,从而识别和导出范畴间的关系。本
研究在开放的研究态度、忠于原始访谈数据的基础上,将所有访谈
资料按其本身自然状态进行命名和归类,为了尽可能地减少研究者
本人的偏见和影响,本研究力求使用被访谈者的原话作为标签发掘
和命名概念,从而确定了 105 个概念和 25 个范畴,具体见表 5 - 3。
为了节省篇幅本书只节选了部分原始资料语句(详见附录 2 访谈资
料开放式编码示例),为了进一步说明开放式编码的过程,对部分访
谈资料记录的开放式编码举例如表 5 - 4 所示。

表 5 - 3   开放式编码范畴化

概念	范畴
A1 信息累积、A2 信息分散、A3 信息存储成本降低、A4 数字存储空间无限制	B1 信息时空分布
A5 信息设备质量、A6 信息设备丢失	B2 信息载体
A7 遗忘信息名字或关键词、A8 遗忘信息存储位置、A9 遗忘信息修改版本	B3 个人记忆
A10 信息预期有用性、A11 信息价值判断	B4 信息价值
A12 信息重复、A13 信息老化、A14 信息不忍删除	B5 信息囤积
A15 信息误删不可恢复、A16 信息设备损坏导致信息丢失、A17 信息中毒乱码丢失、A18 信息设备中毒导致信息丢失	B6 信息丢失
A19 信息归属感、A20 软件工具的满意度、A21 信息管理现状的满意度	B7 个人情感
A22 非常重要、A23 很重要、A24 重要、A25 一般、A26 不重要	B8 个人学术信息管理重要性
A27 信息保存习惯、A28 信息组织习惯、A29 使用工具管理信息习惯、A30 信息再现的习惯	B9 个人习惯

---

① 李文博:《集群情景下大学衍生企业创业行为的关键影响因素——基于扎根理论的探索性研究》,《科学学研究》2013 年第 1 期。

续表

概念	范畴
A31 网络书签保存、A32 电子文档保存、A33 摘抄保存、A34 下载保存、A35 打印为纸质版保存、A36 分享保存、A37 利用工具和媒介保存	B10 信息保存方法
A38 网页信息、A39 纸质和电子书籍、A40 文档信息、A41 视频信息、A42 图片信息、A43 数据	B11 信息保存类型
A44 逻辑性、A45 简单方便、A46 用户界面友好性、A47 信息组织能力差、A48 层次太深不易查找、A49 文件夹主题相近信息重复	B12 文件夹存储结构
A50 及时清理归类、A51 定期整理、A52 项目和工作结束后整理、A53 利用工具整理	B13 桌面信息组织
A54 桌面信息提醒功能、A55 桌面存放文件夹快捷方式	B14 桌面信息功能
A56 按主题分类、A57 按时间分类、A58 "主题 + 时间"分类、A59 按信息格式分类组织	B15 信息组织分类方法
A60 参考文献管理工具、A61 通用信息管理工具、A62 系统自带管理功能	B16 学术信息管理工具
A63 个人信息处理能力、A64 个人领域知识、A65 个人经历和经验、A66 用户对存储设备和工具不信任	B17 个人认知能力
A67 有用性、A68 易用性、A69 安全性、A70 效率、A71 工具界面直观清晰、A72 智能性、A73 个人所处信息环境、A74 用户忠诚、A75 稳定性	B18 工具使用意愿
A76 移动硬盘备份、A77 云盘备份、A78 邮箱备份、A79U 盘备份、A80 多个电脑备份、A81 桌面文件云盘备份	B19 信息备份
A82 信息经常整理、A83 信息偶尔整理、A84 信息从不整理、A85 项目完成后信息归档整理、A86 存储空间不足和混乱时整理	B20 学术信息更新整理
A87 外部传输设备、A88 邮件附件传输、A89 云盘同步、A90 即时通讯软件传输	B21 信息传输、同步、共享途径
A91 信息合并、A73 用户所处信息环境、A92 信息同步更新	B22 信息传输、同步、共享问题
A93 多重备份、A94 隐私保护、A95 信息安全意识	B23 个人学术信息素养
A96 文件浏览查找、A97 系统搜索功能、A61 通用信息管理工具（桌面搜索工具）	B24 信息再现途径
A98 记忆因素、A99 上下文情境、A100 对信息的熟悉程度、A101 文件组织策略、A102 文件命名、A103 认知负担、A104 查找效率、A105 搜索工具功能很强大	B25 信息再现影响因素

表5-4 个人学术信息管理访谈资料开放式编码过程的分析举例

个人学术信息管理访谈资料记录	开放式编码			
	概念化	范畴化	范畴的性质	性质的面向
信息是日积月累的，不是说你在一天或两天的时间可以整（理）好的，这些信息太多，分散太多（理）好的，这些信息太多，分散太多不好找（A1）；信息数量太多，分散太多，分散不好找（A2）；	A1 信息累积，A2 信息分散，……	1. 以概念 A1，A2，A3，A4 范畴化为：信息时空分布（B1）；	1. 信息时空分布的性质：信息时间分布，信息空间分布；	信息时间分布的面向：累积/递减；信息空间分布的面向：集中/分散；
遇到的问题可能会查不到，你不知道它未来什么时候可能会查它，你无法预知它未来的值（A10，A14）；网上的信息很多，你很难对信息质量和价值进行判断（A11）；时候也不知道它的准确有效性也无法判断其效性（A14）；随着网速的提升和软件自身的改善，云盘会越来越有用（A68）；	A10 信息预期有用性，A11 信息价值判断，A14 信息不忍删除，……	2. 以概念 A10，A11 范畴化为：信息价值（B4）；3. 以概念 A68，A69……A76…范畴化为：工具使用意愿（B18）；	2. 信息价值的性质：准确性，权威性，时效性，适用性……3. 使用意愿的性质：对象，操作性，稳定性……	准确性的面向：真实/虚假；权威性的面向：科学/普遍/代表性；时效性的面向：新/旧；适用性的面向：有用/无用；
我的二手资料就是属于已发表或半发表的东西，我会放在 Zotero 管理，Endnote 我用得早之前用过，我用 Zotero 的原因大概是它是 opensource 的，它对网页资料比较好（A69）；它对网络内容不是那么好处理（A69）。很少用云盘类的，除非手上没有 U 盘的时候用 QQ 中转站保存，类似于云盘，我觉得会泄露个人的隐私，不太安全（A70）；它的安全性不是特别有保障啊，万一丢了呢，你也没有一种同责制度，因为它本身是一种免费的（A70）；Endnote 我用过，挺好用的，去年我做综述就完全是它的功劳，要不然累死了（A71）；重要的文件多重备份，移动硬盘、优盘、邮箱都保存一个，我这个人有点强迫症，就怕丢东西，就是重复重复我要保存也要保存（A94）；	A68 有用性，A69 易用性，A70 安全性，A71 效率，……A94 多重备份，A95 隐私保护，A96 信息安全意识，……A99 记忆因素，A100 上下文情境，A101 对信息的熟悉程度，	4. 以概念 A94…范畴化为：个人信息素养（B23）；5. 以概念 A99，…A106…范畴化为信息再现影响因素（B25）；……（共25个范畴）	4. 个人知识结构的性质：专业素养，学术敏感……5. 信息再现影响因素的性质：文件组织情况，信息熟悉度，个人记忆……	对象的面向：品牌忠诚/使用频次；操作性的面向：方便/智能/复杂；稳定性的面向：高/中/低；专业素养的面向：高/低；学术敏感性：强/弱；

续表

个人学术信息管理访谈资料记录	开放式编码			
	概念化	范畴化	范畴的性质	性质的面向
我的电脑开机设置了安全密码（A95）； 重要信息多重备份,定时给电脑杀毒软件更新杀毒什么的（A96）； 我觉得还是要时刻保持安全意识和习惯（A96）； 以前有用过搜索,但是没搜到,还不如我手动去找。因为搜索需要精确地搜索词,我有时候会忘了建立文件夹名字,你要查找的东西肯定是很久前的东西,所以我就是自己去文件夹里面找（A99）； 因为当你想去查一个数据资源的时候,你并不是想到这个东西或这个文件名的时候,你首先想到的你阅读的时候那个主要内容是什么,然后我就会想这个内容是在哪个主题去找它。然后我会就会看下论文这作者,想他是对我的哪个（研究）方向上的。其实这个找的过程就是对我的文件存储的一个重新熟悉的过程（A100,A101）； 一般是根据当时的情境,逐个文件夹去找（A100）； 这些是根据主题我跟这个资料熟跟这个文件夹（系）不熟,这个就跟人熟（系）不熟一样,这要看你到底花多少时间在编写这些文献,如果你跟它说（悉）了,你有很清晰的编写系统就很快找得到（A101,A102）	A102 文件组织策略 …… （共 105 个概念）			文件组织情况的面向:分类清晰/分类混乱; 一般/信息熟悉度的面向:熟悉/不熟悉; 个人记忆的面向:清晰/模糊

5.3.2 主轴编码

通过分析发现开放式编码所得到的不同的范畴可能存在内部关联性，本研究根据不同范畴的内在联系对其进行归类，各个主范畴所具有的含义和所对应的开放式编码形成的范畴如表 5-5 所示。在前文开放式编码分析中，共识别 25 个范畴，但是并没有对范畴间的关系进行深入探讨，主轴编码就是连接独立范畴的过程，能重新整合被分解的资料。主轴编码是通过表示影响因素、现象、环境、条件、行动策略和结果的典范模型，将范畴和子范畴联系起来，典范模型的应用可以提升扎根理论研究的深度和正确性[①]。主轴编码的操作可以按照如下步骤进行：①构建典范模型，由典范模型联结并发展范畴；②关系归类，联结副范畴与主范畴；③通过访谈资料进一步验证假设；④主范畴分析，在已有范畴中提取出核心的范畴，核心范畴能联系其他各个范畴。利用某个主范畴发生具备的条件、发生事件的整体脉络、具体实践行为中个体所实施的策略和产生的后果，有助于更多、更准确地了解该主范畴。

本研究通过分析发现开放式编码所提取的各个不同范畴之间存在关系，根据不同范畴间的关系，对 25 个范畴聚类和抽象后，将部分范畴连接成一个主范畴，为理论建构做准备。本研究最终形成八个主范畴，编码为 Cn，各主范畴所体现的含义及其所对应的开放式编码所形成的范畴如表 5-5 所示。

表 5-5 主轴编码过程

主范畴	对应范畴	范畴的具体含义
C1 个体因素	B3 个人记忆	科研人员对学术信息名字和关键词、存储位置和修改版本等记忆

---

① 胡幼慧主编《质性研究——理论、方法及本土女性研究实例》，巨流图书公司，2005，第 153 页。

续表

主范畴	对应范畴	范畴的具体含义
C1 个体因素	B17 个人认知能力	科研人员对学术信息处理的掌控能力和自身所具有的领域知识
	B23 个人学术信息素养	科研人员所具备的学术信息素养，如信息备份、隐私保护等
	B9 个人习惯	科研人员在学术信息存储、组织整理和再现等的习惯
C2 个人态度	B7 个人情感	科研人员对于学术信息具有归属感和对管理软件工具以及目前管理现状的满意度
	B18 工具使用意愿	科研人员对于采取工具对个人学术信息进行管理（保存、组织和再现）的影响因素，如易用性、安全性等
	B8 个人学术信息管理重要性	科研人员对于是否进行个人学术信息管理重要性的感知
C3 情境因素	B2 信息载体	信息存储成本下降，信息存储载体的质量等
	B1 信息时空分布	学术信息在时间和空间上的分布
	B22 学术信息传输、同步与共享问题	相似信息如何合并管理、网络传输速度等
	B6 信息丢失	信息误删、中毒所造成的信息丢失和乱码
	B5 信息囤积	对学术信息过度存取和难以删除等
C4 学术信息因素	B14 桌面信息功能	信息提醒、便于进行研究工作
	B11 信息保存类型	网页信息、书籍、文档、图片、视频、数据等
	B4 信息价值	学术信息的准确性、权威性、时效性和适用性等
C5 学术信息保存	B10 信息保存方法	网页书签保存、摘抄保存、下载保存、纸质保存、分享保存等
	B12 文件夹存储结构	科研人员采用文件夹层次结构进行学术信息存储所具有的优缺点
C6 学术信息组织	B13 桌面信息组织	及时整理、定期整理、利用工具整理及工作结束后整理
	B15 信息组织分类方法	按主题、时间或信息格式进行分类组织

续表

主范畴	对应范畴	范畴的具体含义
C7 学术信息整理	B19 信息备份	移动硬盘、云盘、邮箱等备份
	B16 学术信息管理工具	参考文献管理工具、通用信息管理工具和系统自带管理工具
	B20 学术信息更新整理	经常整理、偶尔整理、从不整理、空间不足整理等
	B21 学术信息传输、同步与共享途径	通过外部传输设备、邮件或云盘进行
C8 学术信息再现	B24 信息再现途径	文件浏览、系统搜索或桌面搜索工具
	B25 信息再现影响因素	信息熟悉程度、文件组织策略、效率、认知负担等因素

5.3.3 选择式编码

扎根理论中主轴编码是为了整合复杂的资料而形成的，是选择式编码的基础，选择式编码主要是通过选择核心范畴进一步说明主范畴和其他范畴之间的关系，以及补充未来需要和发展的范畴的过程①。选择式编码利用主轴编码形成的主范畴，开发出访谈资料的故事线，从而识别统领所有范畴的核心范畴，建立核心范畴和其他主范畴之间的关系，最后形成基于范畴关系的扎根理论模型，从而对科研人员个人学术信息管理行为及影响因素做出理论解释。一个研究的核心范畴代表了该研究的主题，能够将大部分的研究结果概括在一个比较宽泛的理论范围之中，更具有统领性。选择式编码是在核心范畴出现之后由研究人员所确定的，只对那些可以和核心范畴产生重要关联的数据进行的编码。核心范畴是进行进一步数据资料收集和理论性抽样的指导，其主要特征有：①核心性，即在所有范畴中居于核心地位并可以联系和统领其他的主要范畴；②解释力，

① 胡幼慧主编《质性研究——理论、方法及本土女性研究实例》，巨流图书公司，2005，第154页。

能够解释资料由于条件变化而产生的不同现象；③频繁出现在分析资料中，和研究对象关系紧密；④具有意义，用于描述核心范畴的词语要具有足够的抽象性，进而发展出更为普遍性的理论①。选择性编码的步骤可按照如下步骤循环往复地进行：①找出能够统领其他范畴的核心范畴；②分析核心范畴和其他范畴之间的关系，通过故事线的方式描述整体行为现象；③通过分析的资料检验范畴之间所存在的关系；④继续提取范畴，使得更具有系统性和完备性②。

基于对八个主范畴的分析和反复比较，学术信息的保存、组织、整理和再现行为即为学术信息管理行为，研究发现个体因素、情境因素、个人态度和学术信息客体因素共同影响了学术信息管理行为。基于下面关系结构，确定了"个人学术信息管理行为影响因素的归因"核心范畴，本研究中主范畴的故事线（即主范畴的关系结构）及具有代表性访谈语句如表 5 - 6 所示。

表 5 - 6　主范畴的关系结构

关系结构	关系结构的内涵	被访者的代表性语句 （提炼出的关系结构）
个体因素— 个人态度	个体的认知、记忆、学术信息素养和习惯等因素对科研人员对于学术信息的态度的形成有直接影响	随着我做科研的时间越来越长，我的信息量累积越来越大，有时候我当时信息分类体系构建的还比较合理，可是后来还是（由于记忆）有一些需要的信息查找起来很麻烦，我就用一些桌面搜索工具，只要记得一些关键词就可以筛选到所需的信息（个人记忆影响科研人员对于工具的使用意愿）

---

① 陈向明：《质的研究方法与社会科学研究》，教育科学出版社，2000，第 334 页。

② Strauss A., Corbin J.：《质性研究概论》，徐宗国译，巨流图书公司印行，2004，第 136—162 页。

续表

关系结构	关系结构的内涵	被访者的代表性语句 （提炼出的关系结构）
情境因素— 个人态度	信息的时空分布、信息载体、信息丢失、学术信息传输过程遇到的问题等科研人员所面临的情境因素会对科研人员对于学术信息态度的形成产生影响	信息太多了不容易查找，还有就是信息重复，文件夹内信息重叠的问题等都让我现在不得不花费点时间对我的信息进行整理，以免耽误我以后的工作（信息的时空分布等因素会影响科研人员对学术信息管理重要性的认知）； 我不用云盘的，我不相信这个东西，它能保证我的信息安全吗，信息丢失了、泄露了怎么办，而且云盘还需要有网络连接才行，而且下载的速度永远比上传信息的速度要慢（科研人员所处的情境如网络连接和速度等问题会直接影响其对采取工具管理学术信息的态度）
信息因素— 个人态度	信息的作用、学术信息保存的类型和学术信息所具有的价值对科研人员对于学术信息的态度的形成有直接影响	我从来没有主动删过我的信息，所以我觉得这是一个很严肃、很重要的研究课题，就是垃圾信息的处理、信息的老化和信息价值的判断，就是对已存储的学术信息的一个妥善管理的问题（科研人员对学术信息价值的判断会影响其对学术信息进行管理重要性的感知）
个体因素—个人学术信息管理行为	个体的认知、记忆、信息素养和习惯等因素是个人学术信息管理行为的一个主要的内在归因，它们从内部影响了科研人员的个人学术信息管理行为	我一直都有保存信息的习惯，觉得可能对我将来有用的信息我都会保存；采用文件夹（的结构）保存信息是一直以来形成的习惯吧，觉得逻辑性比较强；我个人是有精神洁癖的，（电脑）桌面我一般都很干净，只有一些系统的图标；我一直采用文件浏览的方式查找以前保存过的信息（个人习惯决定了个人学术信息管理行为）
情境因素—个人学术信息管理行为	信息的时空分布、信息存储载体、信息丢失、学术信息传输过程遇到的问题等会影响科研人员的个人学术信息管理行为，是个人学术信息管理的一个外在归因因素	现在随着科研经历的进一步深入，拥有的信息量也越来越大了，必须构建一个合理的组织分类体系保存我觉得日后有用的信息才能在未来及时查找到它（信息时空分布直接影响了科研人员个人学术信息的保

关系结构	关系结构的内涵	被访者的代表性语句 （提炼出的关系结构）
情境因素—个人学术信息管理行为		存和组织）； 我觉得备份对我最为重要，那些没备份的人肯定没有丢失过信息，没有经历过那种痛苦，反正现在存储的成本也越来越低了，我是经常要把我的信息进行备份的（信息丢失在一定程度上影响了科研人员对学术信息进行整理）
信息因素—个人学术信息管理行为	信息的作用、学术信息保存的类型和学术信息所具有的价值会影响科研人员对学术信息所采取的具体的行为策略，是个人学术信息管理的外在归因因素	网页的一般我会觉得麻烦不会存，一般是文本形式可以下载的我才会存。 主要是我觉得还是不太好引用我不会存，我可能是写论文写习惯了（信息类型和格式会影响科研人员学术信息保存行为）； 我现在主要是采用云盘备份信息吧，我一般是过一段时间就会到云盘里选择手动备份更新下，但是一些重要的信息，比如说我博士论文撰写的底稿我就会几乎每天都会强制性的自动备份下，这个信息太重要了，我觉得马虎不得（学术信息价值直接影响了科研人员对学术信息的更新整理）
个人态度—个人学术信息管理行为	对学术信息具有的敏感性、归属感，对于采用工具对个人信息管理的意愿和对个人信息管理重要性的感知都会影响个人学术信息管理行为	我觉得对（个人）学术信息管理非常重要，我一般在查找已经保存过的信息没有什么困难，主要是我分类体系比较清晰（科研人员对个人学术信息管理重要性的感知会影响其所采取的行为）我很少删除信息，我觉得都是我曾经花费时间和精力查找或者撰写的，我本科研究生学习科研的信息都还有，虽然对现在已经几乎没什么作用了，我觉得不舍得删，会把它们保存和备份起来（科研人员对学术信息的归属感会影响其所采取的行为）

5.3.4 理论饱和度检验

笔者在每次访谈结束后，都及时地对访谈文本资料进行分析，通过编码归纳总结概念范畴，根据理论构建的需要再次抽样，不断调整访谈提纲，然后再进行访谈并总结新的概念范畴，直到未出现新的范畴和关系达到理论的饱和。本研究采用四位科研人员（P14—P17）的访谈文字材料进行理论饱和度检验，再通过开放式编码、主轴编码和选择式编码后并没有得到新的关系和范畴，每个主范畴内也没有产生新的概念，结果符合科研人员个人学术信息管理行为影响因素的归因，因此本研究的范畴编码和构建的模型在理论上是饱和的。由于研究篇幅限制，此处只对部分访谈资料进行举例说明。

（1）我现在拥有的学术信息量越来越多了，我的记忆力也不是很好，有时候迫切需要某个曾经保存过的信息，就是不知道存放到哪里去了，很是令人头疼……（A8 遗忘信息存储位置—B3 个人记忆）

（2）我电脑里重复的学术信息资料还是蛮多的，有时候为了保持分类的完整性我可能会重复下载某一信息，但是更多的时候是不舍得删除，觉得万一以后会有用……（A12 信息重复、A14 信息不忍删除—B5 信息囤积）

（3）我现在虽然是采用文件夹形式存储信息，但是我觉得它存在很大的问题，比如说有时候我命名文件夹可能出现相似的名字，这样我后来存储信息就不知道放到哪个合适，直接影响我以后的使用和查找……（A50 文件夹主题相近信息重复—B12 文件夹存储结构）

（4）我会利用一些工具软件管理我的学术文献信息，比如对文献做笔记、参考文献格式调整等，这些工具还是挺有用的，可以很好地提升我的工作效率……（A68 有用性、A71 效率—B18 工具使用意愿）

（5）我一直都有对我的重要的学术信息备份的习惯，比如一些很重要的信息如论文底稿之类的，我会选择云盘自动备份，我觉得挺方便的，还很放心……（A78 云盘备份—B19 信息备份）

（6）查找保存过的信息我一般都是根据文件夹主题，因为我下载过的（学术）信息我都会及时归类，一般没有找不到的情况……（A102 文件组织策略—B25 信息再现影响因素）

第6章　科研人员个人学术信息管理行为影响因素分析与理论建构

　　扎根理论将抽样访谈、资料编码分析和理论建构当作一个有机过程，抽样访谈为资料编码分析和理论建构提供丰富的资料和内容，资料编码分析和理论建构是抽样访谈进一步改进和完善的理论指导①。通过分析资料得出基本的研究结论后就可以进行理论建构，理论建构是社会科学研究的内在要求和研究结果的必然归宿，这是因为人类任何有意义的行为都隐含了一定的理论需要将其明朗化、系统化。理论建构（Theory Construction）就是将选择式编码形成的思想整合为一个完整的理论，通过归纳分析产生理论。研究者理论建构依据的是对数据资料的认知结果，而对数据资料的认知则是要凭借已有的知识和经验，而这些知识和经验主要就是来源于对目前已有研究的认识。理论建构是扎根理论的重点，同时也是本书质的研究中的核心工作。质的研究中建构理论可以对事实赋予意义，对事实进行恰当的分析；建构理论可以为后期研究工作提供指导，通过分析资料获得的理论可以指导研究人员使用更为合适的方法进行后续的相关研究；建构理论所具有的概括性可以为一些个案提供宽阔的视野和应用范围；建构理论还可以完善目前研究中空白点和弱点，更加完善和丰富现有理论②。根据上文资料的编码分析，本研究建构了科研人员个人学术信息管理行为影响因素理论构架，即科研人员

---

① 孙晓娥：《扎根理论在深度访谈研究中的实例探析》，《西安交通大学学报》（社会科学版）2011年第6期。

② 陈向明：《质的研究方法与社会科学研究》，教育科学出版社，2000，第318—324页。

个人学术信息管理行为影响因素模型，如图 6 - 1 所示。

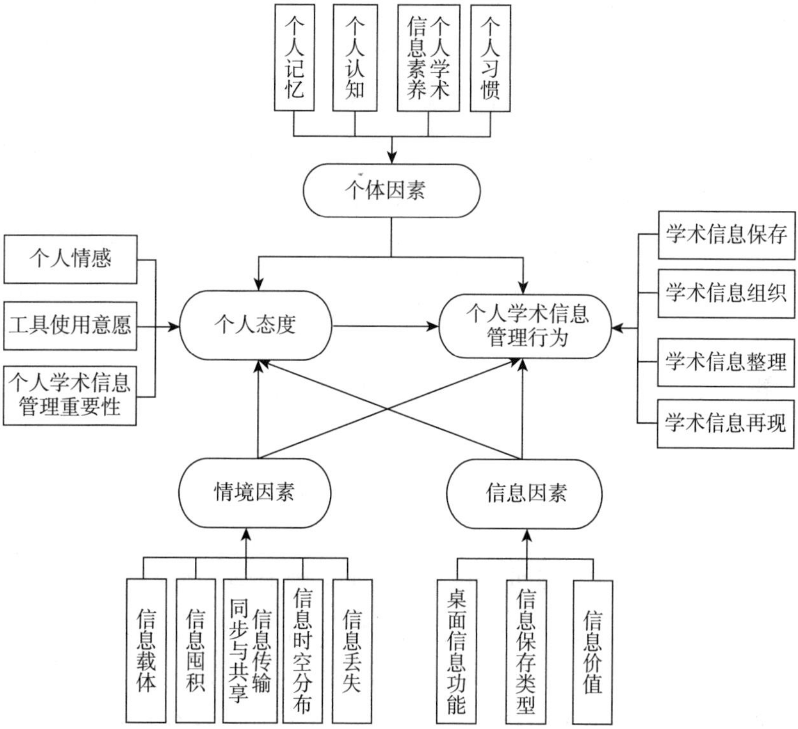

图 6 - 1　科研人员个人学术信息管理行为影响因素理论模型

心理学家勒温（Kurt Lewin）认为行为（B）是个人内在心理因素（P）与外界环境（E）相互作用发生的结果，从心理学的角度看，行为主要是源于大脑皮层神经产生的辐射，形成意识，当意识表现为动作的时候，就产生了行为，意识是一种内在的行为①。通过此模型可以清晰地解释科研人员个人学术信息管理行为的形成及其影响因素，可以归纳为个体因素、情境因素、信息因素和个人态度四个主要方面。根据归因理论可将其划分为两大原因，个体因素和个人态度属于内部归因，情境因素和信息因素属于外部归因，它们对个人学术信息管理行为的影响程度和方式并不完全一致，而且它

① 苏东水：《现代西方行为科学》，山东人民出版社，1986，第 7 页。

们之间也存在一定的关系。这一结论也证明了班杜拉（Albert Bandu-ra）的社会学习理论，人类的行为是外部因素和内部因素相互作用的结果。理论是系统整理想法后产生的，是一种具有计划性的研究途径。斯特劳斯指出理论包含假设与概念、联系实证的发现，是在某一特定情况下呈现的新的关系。所谓建立扎根理论是一件目标导向的理论建构与验证工程，需要有充分的资料来反复验证研究者所确定的范畴及他们之间的关系①。根据基于扎根理论的模型构建和进一步检验，本研究从个人、情境、信息和态度四个层面对影响科研人员个人学术信息管理行为的因素进行进一步的阐释，并节选了部分访谈资料对不同的影响因素进行说明介绍。

6.1 个体因素

个体是行为或活动的实施者，在个人学术信息管理行为研究中，科研人员的个体因素是一个重要的范畴。个体因素是影响科研人员对个人学术信息管理行为态度及行为意向的内部因素，本研究中个体因素主要包括个人记忆、个人认知、个人习惯和个人信息素养四个方面。

6.1.1 个人记忆

记忆是人脑对过去经历过的事物的反应，识记、保持、再认和重现是记忆的基本过程。从信息加工的角度来看记忆是贮存在人类大脑中的全部信息的综合，记忆的过程就是信息输入、编码加工、存贮和提取的过程②。个体记忆是有机体在个体生活中获得且通过条件反射所表现出来的信息③。从信息加工角度记忆可被划分为感觉记

---

① Strauss A., Corbin J.：《质性研究概论》，徐宗国译，巨流图书公司印行，2004，第 127 页。

② 范逢春：《管理心理学》，四川大学出版社，2009，第 42 页。

③ 黄希庭：《简明心理学辞典》，安徽人民出版社，2004，第 81—82 页。

忆、短时记忆和长时记忆三种类型。信息在感觉记忆中的保持时间很短暂，又被称为瞬时记忆。短时记忆是信息从感觉记忆向长时记忆过渡的中间环节，信息的容量是有限的。长时记忆可以分为陈述性记忆和程序性记忆，陈述性记忆对具有意义和关联的事实和事件的记忆，又分为情节记忆和语义记忆，情节记忆主要是对关于个人在特定时间的情景或事件以及这些事件的时空关系的信息[①]。

　　个人信息管理中信息再现是指人们如何定位和查找已经保存的信息，这和个人记忆是密切相关的。布鲁斯（Harry Bruce）等人发现人们会忘记已经存储在个人信息空间中的信息，从而给后续的查找和利用带来麻烦[②]。本研究认为科研人员的个人记忆会影响个人学术信息管理行为，通过深度访谈发现学术信息名字或关键词、学术信息存储位置和学术信息修改版本的遗忘是目前科研人员在个人记忆方面的主要问题。科研人员在日常的学术科研过程中遇到各种类型学术信息资源（如文档、图片、数据、网页信息等），随着学术信息量的不断增多，如果仅仅依靠个人记忆对学术信息进行回忆会对个人学术信息管理行为带来一定麻烦。对于学术信息的存储结构，受访的科研人员都倾向于使用文件夹层次结构，这其实就是长时记忆在语义维度的体现，文件夹结构更富于逻辑性，更有利于对于学术信息的再现，受访的科研人员普遍反映偏向于通过主题情境回忆需要查找的某一学术信息，因为他们并不擅长于记忆一些信息的细节（如名字和关键词），但是却能通过回忆一些相关联的情境进行查找。同时大部分受访的科研人员表示并不习惯使用一些通用或者专门的信息管理工具进行查找的原因是查找结果不尽如人意，同时大量的结果还会带来认知负担。

---

① 周颖：《心理实验室——走近实验心理学》，北京大学出版社，2007，第 153—158 页。

② Bruce H., Jones W. and Dumais S., "Information behaviour that keeps found things found," *Information Research* 10 (2014).

P：信息遗忘、文献找不到，比如说很重要的文献你只有对它的印象，但是具体的文献名字和作者什么的一下子就想不起来了。

P：我偏向于（利用）文件浏览查找信息，我也曾经用过搜索，主要是有时候我的名字记得不是很清楚，不记得我当时是怎么命名的了，只记得有这个东西的名字，这样找目的性不是很强。

6.1.2 个人习惯

个人完成某些行为的需要叫作习惯，习惯是由于多次重复的结果而巩固下来的自动完成行为的模式[①]。习惯是为了达到某一目标而习得的连续行为并演化为在某一情况下的自动反应[②]，是一个非反射的、重复性行为[③]。个人之所以会表现出各种习惯主要是由于一定的情境刺激和某些动作在大脑中形成了巩固的神经联系，就是通常我们所知道"习惯成自然"。条件反射学是习惯形成行为的心理学基础，个体的行为总是由刺激所引起的，当"刺激—反应"形成一种相对稳定的模式就成为习惯。个人习惯指的是个人对环境中特定线索自动响应的情境—行为倾向，通过过去个人实施某一行为的频率来进行测量，是个体心理和行为中非常重要的特征，也是个体行为的主要反映。

为了更好地解释和研究科研人员个体行为，引入了习惯这一非意识性因素，并假设它直接对个体行为产生影响。研究者发现用户

---

① 克鲁捷茨基：《心理学》，赵璧如译，人民教育出版社，1984，第93页。
② Verplanken B., Knippenberg V. A. and Aarts H., "Habit, information acquisition, and the process of making travel mode choices," *European Journal of Social Psychology* 27 (1997): 539 – 560.
③ Lindbladh E., "Habit versus choice: The process of decision-making in health-related behavior," *Social Science & Medicine* 55 (2002): 451 – 465.

的个人习惯会影响其对个人信息的组织行为[1]，科研人员在对自己的学术信息进行管理时，具有个人的偏好或者习惯使用的方法、途径等，通常科研人员在对个人学术信息进行保存、组织、整理和再次查找时都会根据已有的经验，按照自己习惯的方式进行。这种个人习惯是科研人员在长期的学术科研过程中逐渐积累起来的，反过来也会对科研人员个人学术信息管理行为产生的影响。本研究认为科研人员的个人习惯会影响个人学术信息管理行为，通过深度访谈发现科研人员所具备的学术敏感性使其在"遭遇"信息时能选择保存对自己日后有用的信息。受访的科研人员大都使用文件夹层次结构对学术信息进行组织，他们认为文件夹层次逻辑清晰更符合个人使用习惯。科研人员根据个人的经验和习惯所具有的学术信息管理行为的惯性规律，以及为了节省时间、金钱成本实现最大化效率而选择简单易用的管理工具和软件的经济心理都是符合齐夫最小努力法则的。受访的科研人员在学术信息再查找时大多数人还是习惯于通过文件夹主题回忆上下文情境进行查找，这主要是与个人的记忆、对信息的熟悉度、文件组织策略等因素有关。当科研人员在学术信息保存、组织、整理和再现中已经习惯了某一种方式，就很难去适应其他的方法和途径。例如笔者在深度访谈中发现，部分受访的科研人员习惯使用软件或工具对学术信息进行管理（如参考文献管理工具、桌面搜索工具等），相比那些对软件或工具管理不信任的人而言，会更依赖于工具和软件的管理功能。

P：（关于学术信息的保存）可以从我的经历来回答，之前没有，慢慢做学术多了，会有一种敏感性。发展到现在就是看到可能会对以后有用的就会全部收藏保存下来。只要有可能性我就会把它收藏。

---

[1]　Jones W. et al. , "Don't take my folders away！: Organizing personal information to get things done"（paper represented at the CHI'05 extended abstracts on Human factors in computing systems, Portland, USA, 2005）, pp. 1505 - 1508.

P：我偏向喜欢分类型目录（文件夹），我觉得这样逻辑性强，比较容易找得到。我不喜欢桌面上有太多文件，我有精神洁癖。

P：现在我信息真的是越来越多了，如果要是完全靠手工管理的话肯定效率很低，而且现在一些软件工具的功能也相对比较完善，比如说 *Endnote* 和 *Noteexpress* 在管理参考文献方面就不错，写论文会涉及大量的文献引用，用它们就会很方便。

6.1.3　个人认知

认知是一个心理学术语，广义上的认知和认识含义基本一致，是指个体探索客观事物发生规律的认知活动，主要通过感觉、想象、思维和记忆等形式；狭义方面的认知指个体对获取的信息进行存储、加工和提取的过程。认知是一种重要的心理活动，对个人的情绪态度和行为具有十分重要的调节性作用[1]。个体具有的知识、观念和认知能力等组成认知结构，琼斯等人指出个体认知能力是影响个人信息管理行为的一个内部因素[2]。科研人员是一个具有主观能动性的认知主体，本研究中的个人认知能力是指科研人员对学术信息处理的掌控能力以及自身所具有的领域知识。领域知识是个人在学习教育环境中获得的综合性学科知识，随着个体受教育程度的提高，领域知识和问题分析、解决的综合能力也会不断增强。受访的科研人员指出随着自己学术科研水平的深入，自己的学术和专业知识敏感度也在提升，本研究认为科研人员的个人认知能力会影响个人学术信息管理行为，通过深度访谈发现不同的学科专业和受教育程度的科研人员对于学术信息管理行为的理解不尽相同，随着科研经历和掌握知识水平的不断深入，科研人员的认知水平也会不断提升，其对

---

[1]　卢毅刚主编《舆论学教程》，郑州大学出版社，2012，第36页。

[2]　Jones W. and Teevan J., *Personal Information Management*（Seattle：University of Washington Press，2007），pp. 206 – 220.

学术信息处理和掌控能力也会得到提高和改进。科研人员个人认知能力和自身的知识构成也会对个人态度的形成的产生影响。

> P：本科的时候我几乎都不用对这些（学术）信息进行整理，但是读研了以后因为要写论文啊、做课题什么的就会突然多了很多（学术）信息，如果没有及时整理的话某一天突然想用的时候可能就找不到了。

> P：我以前都不怎么管理（学术）信息，有需要再去查找，或者下载了也不去整理，所以很混乱，后来我在网上选修了一门文献管理和高效利用知识的在线课程，学了很多技巧和工具，现在我信息的分类很清晰，也能提高我的学习效率。

6.1.4 个人学术信息素养

信息大爆炸时代信息化已经渗透到人们社会生活中的方方面面，人们受到信息量的猛烈冲击，信息必须要经过收集、整理、分析、利用才能成为知识，因此具备信息素养对于科研人员开展学术研究十分重要。学术信息素养是科研人员在学术科研活动中应具有的信息意识，能够了解自身的信息需求，通过多种方式从纷繁复杂的学术信息资源中获取和评价学术信息，并且高效地组织和利用这些信息，进行信息的交流共享，在原有信息的基础上实现知识创新。杰夫（Sharon Hardof-Jaffe）等人认为个人信息管理在知识时代起到了核心作用，个人信息管理素养是学生学习过程中的完整和核心的部分，大学生通过对个人信息的有效管理和组织进而构建个人知识体系[1]。科研人员的信息素养不同于一般的信息素养，是网络化环境中科研人员开展学术科研活动和完成任务的能力，主要包括信息工具

---

[1] Hardof-Jaffe S. et al., "How do students organize personal information spaces?", *International Working Group on Educational Data Mining* 10 (2009): 250–258.

的利用、信息获取、信息组织、信息加工、信息利用、信息写作、信息创新和学习①。本研究的个人学术信息素养主要是指科研人员在学术信息组织和管理过程中所具备的技能和信息安全意识，本研究认为科研人员个人学术信息素养会影响个人学术信息管理行为，受访的科研人员大多数都表示学术信息安全很重要，由于存在很多不确定性因素（如病毒攻击、信息丢失、设备损坏等），科研人员会定期对学术信息进行整理，并会注意隐私保护。本研究深度访谈的对象涉及多个专业学科，访谈结果反映信息管理专业方向（如情报学）的科研人员在对学术信息管理和安全意识方面明显具有优势，这主要是与其专业属性相关，他们在平时的专业课和专业讲座方面汲取了大量有用知识和技能，这对于其在学术信息管理方面具有很大的作用。

　　P：我对信息安全方面还是非常在意的，平时关于项目的资料什么的我都会及时备份，也会定期给电脑和移动硬盘杀毒，我没有用你说的那个（云盘），我觉得不安全，它随时随地都可以保存查看的话可能会泄露我的隐私。

　　P：重要信息多重备份，定时给电脑杀毒软件更新杀毒什么的。我觉得还是要时刻保持安全意识和习惯。

6.2　情境因素

　　情境（Context）最早是在计算机相关科学应用领域发展起来的，并且在发展过程中具有了不同的含义。斯特恩（Stern）等人进一步提出了预测环境行为的态度—情境—行为理论，该理论认为环境行为（Environment Behavior）是个体的环境态度变量和情境因素之间

---

　　①　谢海波：《科研人员信息素养探讨》，《陕西教育》2009 年第 11 期。

作用的结果。当个体具有积极的环境态度，并且有利于外部环境时，个体就会采取积极的环境行为；反之则会产生消极的环境行为。态度—情境—行为理论发现了内在态度因素和外在情境因素对行为的影响，并进一步检验了情境因素对态度和行为之间关系的调节作用①。

在本研究中情境是指科研人员所处的特定的信息环境和状态，主要包括以下几个方面。①学术信息的时空分布状态，即科研人员所拥有的学术信息随着时间的推移和信息存储成本的降低也在不断地累积，而且学术信息也存在分散不易管理的缺点。②学术信息存储载体也会由于质量等问题造成信息的遗失。③学术信息丢失，主要是由于科研人员个人误删、信息中毒等问题造成的学术信息丢失不可恢复。④学术信息囤积。囤积是过度获取和不能丢弃没有用处或失去价值的物品，囤积被认为是强迫症（Obsessive Complusive Disorder，OCD）的一种，囤积的表现为过度获取、混乱、难以舍弃，其核心特征就是过度获取②。随着科研经历的进一步深入，科研人员掌握的学术信息量也在不断增多，如何对老化和重复的学术信息进行处理，以避免学术信息量过多而给其带来的心理负担也是亟待解决的问题。⑤学术信息传输、同步和共享中面临的问题。随着个人所拥有的电子设备的不断增多，不同电子设备之间（电脑、移动硬盘、平板电脑等）学术信息传输、同步等存在信息版本不兼容、传输速度慢、信息合并等问题，科研人员如何有效解决这些问题也极为重要。

瓦斯尼克（Barbara H. Kwasnik）通过研究办公室职员如何组织办公室内文件发现用户主要是通过七种维度进行组织，情况属性即

---

①　王建明：《公众低碳消费行为影响机制和干预路径整合模型》，中国社会科学出版社，2012，第 68—69 页。

②　Steketee G. , Frost R. O. and Kyrios M. , "Cognitive aspects of compulsive hoarding," *Cognitive Therapy and Research* 27 （2003）：463 - 479.

文件来源、使用、当前环境和文件存取是最为重要的①。巴罗（Deborah K. Barreau）进一步研究表明情境因素即硬件、软件环境会影响个人信息管理的行为②。情境因素是一个相对独立的重要的外在因素，访谈结果表明其对行为发挥了关键的作用，同时也会影响个人态度。本研究认为情境因素对科研人员个人态度有直接影响，并进一步对其学术信息管理行为产生影响。受访的科研人员表示在学习、科研过程中学术信息资源的数量不断增多带来了信息混乱，因此需要对信息进行及时的分类整理，以便在需要的时候能及时找到和使用。通过深度访谈发现曾经经历过重要的学术信息丢失的受访者认为对个人学术信息进行管理非常重要，并且会及时对重要性的学术信息（如项目资料、论文底稿）分类整理和备份管理。受访的科研人员大都表现出学术信息保存"强迫症"，由于个人记忆的有限性，会选择各种电子设备载体（电脑、移动硬盘、平板电脑、优盘等）存储信息，适度增加信息冗余可以有效确保学术信息安全，但是这种学术信息分散存储和过度保存也增加了管理的复杂性，给信息的再次查找利用带来麻烦。受访的部分科研人员表示自己所处的信息网络环境会影响其是否使用工具或软件对信息进行管理，部分受访者表示从不使用云存储工具这样的在线存储平台的原因之一就是工具的网络依赖性太强。

　　P：学术信息管理的时候遇到的问题有信息数量太多、分散不好管理，不好找；存储信息的设备有时候坏了信息就丢了；有时候文件不知道怎么就中毒了，打开就成乱码了。

　　P：我觉得信息数量日益增多会遇到很多的问题，信息增多以后会变得混乱，然后我就要整理它，如果要是不整理的话，

① Kwasnik B., "How a personal document's intended use or purpose affects its classification in an office," *Acm Sigir Forum* 23 (1989): 207 – 210.

② Barreau D. K., "Context as a factor in personal information management systems," *Journal of the American Society for Information Science* 46 (1995): 327 – 339.

需要的时候有些东西（信息）很难找出来了。

　　P：这种操作（信息的传输、同步、共享）最大的问题就是会忘了文件放哪了，还有就是到底哪个是文件的最新版本。

6.3　个人态度

　　从心理学理论角度行为可以分为预备性内在的行为，即个人的态度和信念等和实践性外在的行为，内在行为对外在行为具有指向作用[①]。个人性格中的态度、情感、理智等因素在信息活动各个环节都有体现，是研究个体信息行为特征的重要基础[②]。态度是影响个体行为的一个重要心理因素，是个体对待某事或某人而产生的稳定的心理主观倾向及反应方式，对人的行为反应具有指导性和动力性的影响，包括认知、情感和行为意向。态度是行为的准备状态，行为是态度的外在显示，是在人们的态度影响下所体现的对具体对象的反应。个人态度变化常常伴随情绪情感的变化，与态度一致的事情或行为会给人带来满足、愉悦、喜爱等，与态度不一致的事情或行为则给人们不愉快、讨厌等内心体验[③]。认知指的是行为主体对对象的感觉、了解和评价，认知不但包括对某事和某人的所知，还包括对其的评论、赞同或反对。情感是指主体对于对象的情感体验，是行为或事件是否符合人们需要以及人们对它们产生原因的认知而引发的内部主观体验，如喜欢和厌恶，个体情感体验直接影响着行为活动的积极性。情感是态度最为重要的一部分，与态度中内在感受和行为意向具有协调一致性。意向是指由认知因素、情感因素所决定的对于态度对象意欲表现出来的行为，即行为的直接准备状态。由于不同主体所处环境和知识文化水平等的不同，会形成不同的态

---

①　刘潮：《行为科学理论与实践研究》，冶金工业出版社，1998，第 89 页。

②　颜端武：《信息获取与用户服务》，科学出版社，2010，第 50 页。

③　孙时进：《社会心理学导论》，复旦大学出版社，2011，第 105 页。

度。情感因素会对态度产生调节性的影响，如果人们的认知演化为一种情感体验就会长期支配人的情感。认知和情感产生之后就会向外表现并支配人的行为，并进而产生一种行为意向。

米兹拉希（Diane Mizrachi）和贝茨（Marcia J. Bates）指出个人对信息的归属感等情感因素会影响其对个人信息的保存和组织①。本研究中的态度主要是指科研人员对于个人学术信息管理行为相关方面的主观反应，主要包括个人情感（对于学术信息的归属感、对目前学术信息管理现状的满意度等）、使用工具对学术信息进行管理的意愿和对个人学术信息管理重要性的感知。科研人员的个人态度对于个人学术信息管理行为的影响具有一定的主观性、倾向性和稳定性，本研究认为个人态度会影响其对学术信息的保存、组织、整理和查找行为，态度是行为的中介，行为是态度的外在具体表现。通过此次访谈发现，受访的科研人员对具有归属感的学术信息会进行及时的分类和整理，如论文写作资料和项目课题相关资料，这说明个人情感对于个人学术信息管理行为具有一定的影响。受访的科研人员大都表示对学术信息进行及时有效地管理非常重要，只有逻辑清晰的分类体系才能减少信息再次查找和利用所花费的时间，从而提高科研工作的效率。对于是否采用工具对学术信息进行辅助管理，受访的科研人员在选择工具时会对其有用性、易用性和安全性等方面进行考虑，部分受访者没有使用外部工具而是完全采用人工管理的原因就在于对工具的具体操作和安全性存在质疑。如现在很多人使用百度云之类的云存储工具对信息进行备份和保存，但是也有受访者反映这种免费存储服务可能会使其面临信息丢失和泄露的风险。

  P：我自己创建的文档、保存的信息我一般会分类好，但是对于电子邮件或者网页书签这样归属感不强的信息我一般都没

---

① Mizrachi D. and Bates M. J., "Undergraduates' personal academic information manage-ment and the consideration of time and task-urgency," *Journal of the American Society for Information Science and Technology* 64（2013）：1590 – 1607.

有整理，如果有需要就直接去查找。

　　P：（对学术信息进行管理）当然非常重要，如果不妥善管理的话到后面利用查找就会很困难，我觉得一定要给它进行逻辑性分类。

　　P：我个人觉得是否利用工具管理目前的学术信息还是和工作量、信息量密切相关的，工具的易用性最为重要。用过 *End-note*，觉得一般，用了它肯定提高了工作效率，但是它也有它的困难，后期还需要进一步修正。我觉得云盘将来肯定越来越有用，随着网速的提升它会越来越有用。我重要的数据和重要的论文进展我会存到云盘里，比如说的我正在写的论文，大概每周我都会到云盘里面存下，绝对不能全部存在硬盘上。目前正在进行的特别重大绝对不能丢的（资料）我会存到云盘里。目前还没想过云盘泄密这个问题，有可能但是我以前可能还不是很解。

6.4　信息因素

　　学术信息因素是影响科研人员个人学术信息管理行为的重要的外在因素，本研究中学术信息因素主要包括学术信息具有的价值、学术信息类型和电脑桌面学术信息所具有的功能，学术信息价值是影响其对信息进行筛选并进而实施组织管理的重要因素。本研究认为学术信息因素会对科研人员个人态度产生影响，并进而影响科研人员对学术信息的保存、组织、整理和查找行为。

　　齐夫（G. Zipf）认为人的行动是有目的的，所付出的努力、组织事物的方式都遵从最小努力法则，科研人员在对学术信息进行组织和管理的过程中，个体行为也同样符合这一法则。信息心理学研究表明，科研成果的产出是一个艰辛的过程，科研人员需要从大量的信息中判断哪些是有价值的，并通过对这些有价值信息的有效组织和管理，对其进行开发利用，从而实现知识创新和共享。个人信息是高度分散的，以不同的格式存储在不同的位置。学术信息价值包括真实性、权威性、时效性和实用性价值，对学术信息价值的判断是科研人员对其进行组织管理的依据，数字学术环境下科研人员在无形中积累了大量的信息，科研人员很难对学术信息的预期价值进行评估，保存信息的花费要比对信息进行评估低得多，所以从经济学的成本效益原则来看，科研人员选择将与个人科研阶段相关的全部信息保存下来即"保存一切"，随着科研经历的不断深入而导致大规模的"信息囤积"的现象。这会使得人们很难发现自己想要的信息，甚至记不住自己都拥有哪些信息。科研人员对学术信息的感知有用性和预期价值的判断会对其组织和管理行为产生直接影响。受访的科研人员大都在日常的学习和工作中形成了学术敏感度，表示在"偶遇"一些信息时会对信息价值和来源进行判断，会对具有潜在价值的学术信息进行保存和组织。学术信息的类型也会影响科研人员对其的组织和管理，受访的科研人员大都对下载保存的文档学术信息（如 PDF 格式、Word 格式信息）进行主题归类管理，对于其他的如网络上科研相关的网页信息一般是采用网页书签进行保存，但是大多数受访者表示不会对网页书签进行分类。受访的科研人员大都具有一定的信息素养，认识到电脑桌面信息是属于系统临时信息，会及时对桌面信息进行分类整理，以免系统出现问题而造成信息丢失。本次访谈的科研人员几乎使用的都是 Windows 电脑操作系统，只有一位受访者使用的是苹果电脑 MAC 系统，苹果电脑操作系统内只有一个存储盘，不像 Windows 操作系统内会有分盘的现象，但是使用苹果电脑的受访者表示 MAC 系统几乎不会遭受病毒攻击所以对于可能出现的信息丢失问题并不担忧。部分受访者表示电脑桌面学术信息的功能就在于其提醒作用和便捷性，桌面存放的学术信息文件一般是近期需要从事的工作，这样更有利于及时开展科研工作。

P：我遇到的问题是不知道什么东西（学术信息）该删，就是你不知道你未来什么时候可能会查阅它，它是不是还有价值，这个对预期价值的判断往往很难，所以我索性不删都保存，但是（学术信息）老化和不断增多是一个很重要的问题。

P：可能有时候会遇到一些对未来有帮助的信息，我会选择保存下来，我主要是会保存一些能够下载的文档信息，然后会根据它的主题归入我的电脑文件夹内，如果没有相关的主题，我会重新命名一个文件夹。

P：（电脑）桌面我只放一些电脑的基本图标，还有一个文档用来记录我最近做了什么事情和还需要完成什么事情，一周左右我会对文档进行归档整理。

第7章 科研人员个人学术信息管理
行为影响因素模型构建

在本书第 6 章中基于扎根理论对科研人员个人学术信息管理行为影响因素进行了分析，为了构建更加合理的模型，以便对科研人员个人学术信息管理行为进行更精确的测量和分析，本章基于行为理论和信息行为模型，并在已有文献的基础上结合前文的定性研究结论进一步构建科研人员个人学术信息管理行为影响因素模型，提出理论假设，并进一步明确各潜变量及其之间的关系。

7.1 研究假设

7.1.1 自我效能感

自我效能感理论是班杜拉社会认知理论的核心，班杜拉认为人类行为受到各种因素的影响和制约，首先需要相应的知识、能力和技能，需要目标的激励，而自我效能是人类行为重要的支配力量：①自我效能影响人的行为取向与行为任务的选择，人们往往选择自己认为能够胜任的活动任务，而避开认为超出自身能力的任务；②自我效能影响了个体行为的努力程度①。自我效能是指个体对自己在特定情境中是否有能力去操作行为的期望，是个体对自身完成某活动所具备的能力的一种判断、把握和感受，会进一步影响个体的

---

① 王振宏：《学习动机的认知理论与应用》，中国社会科学出版社，2009，第 63—64 页。

感知、动机、绩效和情感倾向等行为因素。

康波 （Deborah R. Compeau） 和希金 （Christopher A. Higgin） 将社会认知理论用于解释信息技术的接受和使用行为，研究发现自我效能在形成个体的认知感觉和行为中起着重要的作用[①]。威尔逊 （Thomas D. Wilson） 引入了决策科学、心理学和交流领域的理论，把信息行为作为交叉学科进行研究，并且加入了社会学习理论自我效能感，自我效能感在这里指的是用户自我感觉在进行信息搜寻、定位相关信息、获取有效信息的能力，与信息搜寻行为是相互促进的，较高的自我效能感会进一步促进信息搜寻行为的进行[②]。蔡 （Meng Jung Tsai） 等人探讨了学生互联网自我效能感对信息查寻策略的影响，研究结果表明高自我效能感的学生具有更好的信息查寻策略而且能够在基于网络的学习任务中学到更多的知识[③]。许 （Meng-Hsiang Hsu） 等人从个人因素和环境因素两个角度分析并验证了影响虚拟社区知识共享行为的因素，个人因素包括知识分享的自我效能以及社区成员对个人成果和社区相关成果的期望[④]。陈祖琴等人分析了自我效能感对用户信息查寻行为的重要影响，自我效能感较高的人可以合理地确定信息检索的目标和所能实现的检索结果，有更强的动机进行某一行为，并且在遇到困难时会积极冷静地解决[⑤]。林秀芬 （Hsiu-Fen Lin） 将动机理论和理性行为理论相结合，研究影响员工个人知识共享意愿因素发现知识自我效能作为内部动

① Compeau D. R. and Higgins C. A. , "Computer self-efficacy: Development of a measure and initial test," *MIS Quarterly*, 19 （1995）: 189 – 211.

② Wilson T. D. , "Models in information behaviour research," *Journal of Documentation* 55 （1999）: 249 – 270.

③ Tsai M. , "Information searching strategies in web-based science learning: the role of internet self-efficacy," *Innovations in Education and Teaching International* 40 （2003）: 43 – 50.

④ Hsu M. et al. , "Knowledge sharing behavior in virtual communities: The relationship between trust, self-efficacy, and outcome expectations," *International Journal of Human-Computer Studies* 65 （2007）: 153 – 169.

⑤ 陈祖琴、葛继科、郑宏：《自我效能感与用户信息查寻行为》，《图书情报工作》2007 年第 7 期。

机因素对知识共享行为意愿有显著影响①。林秀芬（Hsiu-Fen Lin）对消费者在线购买行为进行研究，指出自我效能是用户对自身能力的评估，通过影响感知行为控制进而影响行为意愿②。赵越岷等人在对消费者虚拟社区信息共享行为的研究中指出自我效能感是影响信息共享行为意愿的重要因素③。陈（Chih-Jou Chen）等人从个人因素和情境因素两方面探讨了影响虚拟社区知识共享行为的因素，情境因素包括相互性规范和人际信任，个人因素包括知识共享自我效能、感知相对优势和感知相容性④。朱雨倩（Yu-Qian Zhu）等通过统计分析研究发现信息查寻行为、学业自我效能和学业成绩之间存在关系，学业自我效能感的改变会对信息查寻行为产生影响，并最终影响学业成绩⑤。李枫林指出自我效能是个体对自身能力的判断，是否能为虚拟社区的用户提供有价值的信息，自我效能对用户信息分享行为有积极影响⑥。谈大军等人指出自我效能感对用户的信息查寻行为具有重要的影响，对信息需求、检索策略和效率、信息评价和利用都会产生影响⑦。王军等人根据网评信息的特点和信息行为的研究，在自我效能的基础上构建了网评信息查寻行为模型，根据模型探讨消费者的自我效能在网评信息需求、查找信息、收集信息、筛

① Lin H. F., "Effects of extrinsic and intrinsic motivation on employee knowledge sharing intentions," *Journal of Information Science* 33 (2007): 135 – 149.

② Lin H. F., "Predicting consumer intentions to shop online: An empirical test of competing theories," *Electronic Commerce Research and Applications* 6 (2008): 433 – 442.

③ 赵越岷、李梦俊、陈华平：《虚拟社区中消费者信息共享行为影响因素的实证研究》，《管理学报》2010 年第 10 期。

④ Chen C. and Hung S., "To give or to receive? Factors influencing members' knowledge sharing and community promotion in professional virtual communities," *Information & Management* 47 (2010): 226 – 236.

⑤ Zhu Y. et al., "How does Internet information seeking help academic performance? – The moderating and mediating roles of academic self-efficacy", *Computers & Education* 57 (2011): 2476 – 2484.

⑥ 李枫林、周莎莎：《虚拟社区信息分享行为研究》，《图书情报工作》2011 年第 20 期。

⑦ 谈大军、任淑宁、张新兴：《信息查寻行为中的自我效能研究综述》，《情报理论与实践》2013 年第 5 期。

选信息和判断信息需求满足五个阶段对查寻行为的影响[①]。莫秀婷等人通过实证证实了用户健康自我效能、健康关注、感知信息支持和感知风险影响了用户对社交网站健康信息的采纳意向[②]。

自我效能感是对自身认知能力的主观感知，是个体所获得各种知识、经验和技能与随后行为之间的中介，自我效能感是个人对某些行为能够做成怎样的自我评估，会影响个体行为选择的决策过程[③]。个人对自我效能所具有的信念强度会决定其是否愿意面对困难的情境，如果个人认为自身具备处理某个问题的能力就会勇往直前，如果个人认为自身没有能力去处理，就会产生逃避行为。前文扎根理论分析结果个体因素中个人认知能力和个人学术信息素养会影响个人态度和个人学术信息管理行为，科研人员对个人学术信息是否采取有序化的管理策略，自我效能起着非常重要的作用。由于个体信息处理能力是有限的，大量的信息会造成信息超载，如何将搜集到的信息进行及时处理尤为重要，高自我效能者在信息分类管理中表现更为得心应手，能够面对信息超载带来的压力，而低自我效能者容易产生信息焦虑和疲劳，最终导致信息分类处理不完善，进而影响到今后对信息的利用。因此本研究提出如下假设：

H1：科研人员自我效能对其个人学术信息管理行为意向有正向影响；

H2：科研人员自我效能和其对个人学术信息进行管理的态度具有正向关系。

---

① 王军、李鑫：《自我效能对网评信息查寻行为的影响研究》，《图书情报工作》2014 年第 14 期。

② 莫秀婷、邓朝华：《基于社交网站采纳健康信息行为特点及其影响因素的实证研究》，《现代情报》2014 年第 12 期。

③ 凌文辁、方俐洛：《心理与行为测量》，机械工业出版社，2003，第 353 页。

7.1.2 感知结果

个体的行为往往是以目标为导向，行为的产生主要是为了满足一定的行为目标。感知结果指的是个体感知到的有用性和对预期结果的感知，会影响个人的行为意向，个人对行为结果感知价值越高越影响最终的行为意愿。如果个体认为某一行为会产生积极的结果（如节省时间、金钱等），就会激励个人实施这一行为。班杜拉认为结果期望是影响行为的一个认知因素，是个体对某一行为可能为自己带来预期益处的判断，对某种行为的结果期望越大，这个行为发生的可能性就越高。

汤普森（Ronald L. Thompson）等人基于 Triandis 模型中态度行为的理论对影响用户使用个人电脑的因素进行研究表明用户的预期结果（使用复杂性、工作相关度和长期重要性）对电脑的使用有显著的作用①。伯杰隆（François Bergeron）等人研究表明用户对行政信息系统使用结果的感知会影响组织机构对该系统的使用②。昌（Man Kit Chang）等人研究表明用户对行为短期结果的感知会影响其在工作中使用互联网的意愿③。利麦哈姆（Moez Limayem）等人认为软件使用费用太高等行为感知结果会影响用户对盗版软件的使用意愿④。佩（Loo Geok Pee）等人研究发现感知结果对员工非工作相关使用计算机的意愿具有直接影响⑤。芬纳兰（Christina M. Finneran）

---

① Thompson R. L., Higgins C. A. and Howell J. M., "Personal computing: Toward a conceptual model of utilization," *MIS Quarterly* 15 (1991): 125 – 143.

② Bergeron F. O. et al., "Determinants of EIS use: Testing a behavioral model," *Decision Support Systems* 14 (1995): 131 – 146.

③ Chang M. K., "Determinants of the intention to use Internet/WWW at work: A confirmatory study," *Information & Management* 39 (2001): 1 – 14.

④ Limayem M., Khalifa M. and Chin W. W., "Factors motivating software piracy: A longitudinal study," *IEEE Transactions on Engineering Management* 51 (2004): 414 – 425.

⑤ Pee L. G., Woon I. M. Y. and Kankanhalli A., "Explaining non-work-related computing in the workplace: A comparison of alternative models," *Information & Management* 45 (2008): 120 – 130.

指出对课程信息未来使用的预期、课程信息的价值和有用性感知、课程学习管理系统的可靠性和易用性都会影响大学生个人信息管理行为①。李枫林将虚拟社区用户对信息分享行为的感知结果分为个人感知结果和社区感知结果，通过研究表明感知结果和用户的信息分享意向正相关②。米兹拉希（Diane Mizrachi）和贝茨（Marcia J. Bates）通过对大学生的观察和访谈发现用户对有价值信息保存以备将来使用是影响个人信息管理行为的原因之一③。许运超指出用户在理性思考进行分享后是否对自己有用和带来的实际收益、能否对他人有帮助的行为感知结果对办公软件用户社会化分享意愿有直接影响④。张萧等人基于 Triandis 模型构建了知识社区分享行为影响因素的理论模型，研究指出知识社区成员的认可预期、互惠关系和预期效能的感知结果与他们的知识共享意愿正相关⑤。

前文扎根理论分析中的情境因素是科研人员在对个人学术信息进行管理时所面临信息环境问题，在当前的信息环境下科研人员对个人学术信息管理行为复杂性和所带来的预期结果的感知会对其个人态度和行为意向产生影响。在此基础上本研究提出如下假设：

H3：科研人员对个人学术信息进行管理行为的感知结果对其个人学术信息管理行为意向有正向影响；

H4：科研人员对个人学术信息进行管理行为的感知结果和

---

① Finneran C. M., "Factors that influence users to keep and leave information items: A case study of college students personal information management behavior" (master's thesis, Syracuse University, 2010), pp. 189 – 191.

② 李枫林、周莎莎：《虚拟社区信息分享行为研究》，《图书情报工作》2011 年第 20 期。

③ Mizrachi D. and Bates M. J., "Undergraduates' personal academic information management and the consideration of time and task-urgency," *Journal of the American Society for Information Science and Technology* (64) 2013: 1590 – 1607.

④ 许运超：《办公软件社会化分享设计研究》，硕士学位论文，湖南大学，2013。

⑤ 张萧、周年喜、唐亚欧：《基于人际行为模型理论的知识社区共享行为研究》，《情报科学》2014 年第 5 期。

其对个人学术信息进行管理的态度具有正向关系。

7.1.3 个人习惯

态度—行为模型中习惯因素发挥了不可忽视的作用[1]，习惯是一个对未来行为预知的因素，用户个人习惯会影响他们的行为[2]。常红文（Hong-Wen Charng）等人通过对比理性行为理论和认同理论对献血行为意向的预测认为过去重复性行为即习惯会直接影响未来的行为[3]。伯杰隆（François Bergeron）等人研究表明组织机构使用行政信息系统受到个人使用经验（习惯）的影响[4]。博德曼（Richard-Boardman）和莎瑟（Angela Sasse）指出用户个人信息管理的习惯将直接影响用户对个人信息的组织行为[5]。利麦哈姆（Moez Limayem）等人指出个人习惯不仅影响个人行为还会对用户态度产生影响，并进一步研究证明习惯对盗版软件使用行为和盗版软件使用情感有直接正向影响[6]。伍恩（Irene M. Y. Woon）和佩（Loo Geok Pee）对员工在工作场所网络沉迷行为的研究发现员工习惯对网络沉迷的情

① Verplanken B., Knippenberg V. A. and Aarts H., "Predicting behavior from actions in the past: Repeated decision making or a matter of habit?", *Journal of Applied Social Psychology* 28 (1998): 1355 – 1374; Bamberg S. and Schmidt P., "Incentives, morality, or habit?: Predicting students' car use for university routes with the models of ajzen, schwartz, and triandis," *Environment & Behavior* 35 (2003): 264 – 285.

② Saba A. and Di Natale R., "Attitudes, intention and habit: Their role in predicting actual consumption of fats and oils," *Journal of Human Nutritionand Dietetics* 11 (1998): 21 – 32.

③ Charng H., Piliavin J. A. and Callero P. L., "Role identity and reasoned action in the prediction of repeated behavior," *Social Psychology Quarterly* 51 (1988): 303 – 317.

④ Bergeron F. O. et al., "Determinants of EIS use: Testing a behavioral model," *Decision Support Systems* 14 (1995): 131 – 146.

⑤ Boardman R. and Sasse M. A., "Stuff goes into the computer and doesn't come out: A cross-tool study of personal information management" (paper represented at the Proceedings of the SIGCHI conference on Human factors in computing systems, Vienna, Austria, 2004), pp. 583 – 590.

⑥ Limayem M., Khalifa M. and Chin W. W., "Factors motivating software piracy: A longitudinal study," *IEEE Transactions on Engineering Management* 51 (2004): 414 – 425.

感和行为有显著影响①。琼斯（William Jones）等人通过研究发现用户的个人习惯会影响个人信息组织行为②。佩（Loo Geok Pee）等人研究发现个人习惯决定了员工非工作相关的运用计算机的行为③。利麦哈姆（Moez Limayem）等人指出在进行信息系统使用行为研究中不能忽略了习惯因素的影响作用④，考虑了习惯因素可以提升行为预测的能力。盛旭东等人将习惯与行为计划理论进行整合研究发现习惯会影响消费者使用盗版软件的行为，在消费者使用盗版软件情境下习惯在动机和盗版环境之间起到调节效应⑤。徐国伟认为人际行为理论在考虑影响行为改变的内外部因素的同时，也注意到了规律和习惯在行为形成中的重要作用，更适用于指导低碳消费行为的改变和建立⑥。赵亮指出习惯对于消费者使用在线交易行为具有正向影响⑦。李枫林等研究表明用户在虚拟社区进行交流的习惯对用户在虚拟社区的信息分享行为产生直接正向影响⑧。许运超认为个人办公习惯也会直接用户的情感因素和分享行为意愿，用户使用办公软件进

---

① Woon I. M. Y. and Pee L. G., "Behavioral factors affecting Internet abuse in the work-place-an empirical investigation," *SIGHCI* 2004 *Proceedings* (2004): 5.

② Jones W. et al., "Don't take my folders away!: Organizing personal information to get things done" (paper represented at the CHI'05 extended abstracts on Human factors in computing systems, Portland, USA, 2005), pp. 1505 – 1508.

③ Pee L. G., Woon I. M. Y. and Kankanhalli A., "Explaining non-work-related compu-ting in the workplace: A comparison of alternative models," *Information & Management* 45 (2008): 120 – 130.

④ Limayem M. and Hirt S. G., "Force of habit and information system susage: Theory and initial validation," *Journal of the Association for Information Systems* 4 (2003): 3; Li-mayem M., Hirt S. G. and Cheung C. M. K., "How habit limits the predictive power of intention: The case of information systems continuance," *MIS Quarterly* 31 (2007): 705 – 737.

⑤ 盛旭东、侯伦、李良强：《习惯对盗版软件使用的影响研究》，《管理学家（学术版）》2010 年第 9 期。

⑥ 徐国伟：《低碳消费行为研究综述》，《北京师范大学学报》（社会科学版）2010 年第 5 期。

⑦ 赵亮：《影响消费者在线购买行为因素的实证研究》，硕士学位论文，黑龙江大学，2011。

⑧ 李枫林、周莎莎：《虚拟社区信息分享行为研究》，《图书情报工作》2011 年第 20 期。

行社会分享形成个人习惯后，分享行为的发生也就会顺理成章①。

前文扎根理论分析发现科研人员在学术信息存储、组织整理和再现时形成的个人习惯会对其个人学术信息管理的态度和行为产生直接影响，基于此提出如下假设：

H5：科研人员的个人习惯和其对个人学术信息进行管理的态度具有正向关系；

H6：科研人员的个人习惯对其个人学术信息管理行为意向具有正向影响。

7.1.4 便利条件

根据托尔曼的 S-O-R 理论外在环境因素会对行为的发生产生影响，便利条件主要是指外在有利的条件因素，会影响用户行为②。伯杰隆（François Bergeron）等人提出并验证了是否有热线电话对管理人员使用行政信息系统进行及时的指导帮助和该系统的成熟性等条件会影响组织机构对系统的采纳和使用③。昌（Man Kit Chang）等人认为便利条件对用户的行为意愿产生影响，用户在获得了足够的资源支持后，用户使用或继续使用网络的意愿就会更加强烈④。琼斯（William Jones）等人研究指出技术使用的便利条件对销售人员使用销售自动化系统的意愿有直接影响⑤。利麦哈姆（MoezLimayem）等人认为具体惩罚措施的缺失、盗版软件便于使用和道德机制的匮乏

① 许运超：《办公软件社会化分享设计研究》，硕士学位论文，湖南大学，2013。

② Kidwell B., "An examination of perceived behavioral control: Internal and external influences on intention," *Psychology & Marketing* 20 (2003): 625 – 642.

③ Bergeron F. O. et al., "Determinants of EIS use: Testing a behavioral model," *Decision Support Systems* 14 (1995): 131 – 146.

④ Chang M. K., "Determinants of the intention to use Internet/WWW at work: A confirmatory study," *Information & Management* 39 (2001): 1 – 14.

⑤ Jones W., Sundaram S. and Chin W., "Factors leading to sales force automation use: A longitudinal analysis," *Journal of Personal Selling & Sales Management* 22 (2002): 145 – 156.

等外部条件直接加速了用户的盗版软件行为①。章（Paul Vin-Cent Chang）基于扩展的 TAM 对用户使用内部网的行为进行预测，研究发现组织提供的资源和网络等便利条件对用户的使用意愿有显著影响②。昌（Man Kit Chang）等人通过对消费者在线购买行为相关文献的研究发现网络的相对优势、网站的服务质量和用户对其信任等外部条件会影响用户的在线购买行为③。李枫林等指出资源有利条件是用户在虚拟社区进行信息分享所需的时间、设备及网络等资源，对用户的信息分享行为有积极影响④。赵亮认为消费者所具备的在线购买行为所需的技巧和资源对用户购买行为有直接正向影响⑤。许运超指出办公软件社会化分享的易用性和其在提高工作效率、解决沟通问题等方面的有利条件会促进用户的分享行为意愿⑥。张甜等人指出知识社区提供的便利条件和社区成员进行知识共享行为意愿正相关⑦。

基于此提出如下假设：

H7：便利条件和科研人员对个人学术信息进行管理的态度具有正向关系；

H8：便利条件对科研人员个人学术信息进行管理的行为意

---

① Limayem M., Khalifa M. and Chin W. W., "Factors motivating software piracy: A longitudinal study," IEEE Transactions on Engineering Management 51 (2004): 414 – 425.

② Chang P. V., "The validity of an extended technology acceptance model (TAM) for predicting intranet/portal usage" (master's thesis, University of North Carolina, 2004).

③ Chang M. K., Cheung W. and Lai V. S., "Literature derived reference models for the adoption of online shopping," *Information & Management* 42 (2005): 543 – 559.

④ 李枫林、周莎莎：《虚拟社区信息分享行为研究》，《图书情报工作》2011 年第 20 期。

⑤ 赵亮：《影响消费者在线购买行为因素的实证研究》，硕士学位论文，黑龙江大学，2011。

⑥ 许运超：《办公软件社会化分享设计研究》，硕士学位论文，湖南大学，2013。

⑦ 张甜、周年喜、唐亚欧：《基于人际行为模型理论的知识社区共享行为研究》，《情报科学》2014 年第 5 期。

向具有正向影响。

7.1.5　个人态度

态度是人们后天习得的对某一事物持久的喜欢或不喜欢的反应倾向，态度可以有效地预测行为[①]。行为态度可以划分为认知和情感两个维度，认知维度是从认知的角度评估行为是否有利，情感是人们对某一事物是否符合自己需要、期望而产生的态度体验[②]。情感是推动个体向目标行为前进的影响因素，个人从行为或经验中感受到的愉悦感、失望、厌恶、不满意等情绪，会影响用户的行为意向。

伯杰隆（François Bergeron）等人指出个人对系统提供信息的满意度等情感因素是影响组织机构使用行政信息系统的重要因素[③]。克罗巴斯（Jane E. Klobas）等人在 TPB 理论的基础上构建了成年人因特网使用的行为意愿模型，研究表明态度（信念、看法及评价）对因特网使用影响显著[④]。惠特克（Steve Whittaker）和赫斯伯格（Julia Hirschberg）指出个人保存信息的一个原因是情感因素，虽然信息可能对未来没有价值但是由于个人倾注了自己的精力而不舍得删除[⑤]。陈（Ricky Y. K. Chan）对中国消费者绿色购买行为进行研究，消费者对于绿色购买行为的态度通过绿色购买意愿这个中介因

---

① 杰格迪什·N. 谢斯、本瓦利·米托：《消费者行为学：管理视角》，罗立彬译，机械工业出版社，2004，第130—166 页。

② 于丹等：《理性行为理论及其拓展研究的现状与展望》，《心理科学进展》2008 年第 5 期。

③ Bergeron F. O. et al., "Determinants of EIS use: Testing a behavioral model," *Decision Support Systems* 14 (1995): 131 – 146.

④ Klobas J., "Adults learning to use the internet a longitudinal study of attitudes and other factors associated with intended internet use," *Library & Information Science Research* 22 (2000): 5 – 34.

⑤ Whittaker S. and Hirschberg J., "The character, value and management of personal paper archives," *ACM Transactions on Computer-Human Interaction* 8 (2001): 150 – 170.

素影响了购买行为①。黄（Jen-Hung Huang）等人指出消费者对灰色市场产品的态度会影响最终的购买意向，并构建和验证了消费者对灰色市场产品态度的测量模型②。与信息相关的态度情感会影响到个体对个人信息的处理方式，纳赫尔（Diane Nahl）指出信息搜寻研究和理论越来越关注情感在信息行为中的作用和情感如何影响个人认知操作，情感因素变量包括需求、偏好、态度、工作动机、预期和感受到的努力、不确定性、自我效能、乐观主义、相关性、满意度、系统采纳和忠诚，并进一步给出情感测量的操作性定义③。伍恩（I-rene M. Y. Woon）和佩（Loo Geok Pee）研究表明员工对网络沉迷的情感会影响其沉迷网络的行为意愿④。埃斯皮尔（Jean éthier）等人探讨了网购网站质量对顾客网络购物情感认知过程的影响，研究表明情感因素（喜欢、快乐、骄傲、不喜欢、失望和害怕）是对顾客在线购物意愿进行预测的重要变量⑤。昌（Man Kit Chang）等人指出消费者对在线购物的情感和态度、感知行为控制等心理因素会影响消费者使用互联网进行在线购物的意愿⑥。孙岩等人从社会心理和环境教育视角总结环境行为的研究范式，将影响环境行为的变量因素归纳为个性、态度、认知和情境⑦。芬纳兰（Christina M. Finne-ran）通过研究大学生信息保存和丢弃行为指出个人情感因素影响了

---

①　Chan R. Y. K., "Determinants of Chinese consumers green purchase behavior," *Psychology and Marketing* 18 (2001): 389 – 413.

②　Huang J. H., Lee B. C. Y. and Hsun Ho S., "Consumer attitude toward gray market goods," *International Marketing Review* 21 (2004): 598 – 614.

③　Nahl D., "Measuring the affective information environment of web searchers," *Proceedings of the American Society for Information Science and Technology* 41 (2005): 191 – 197.

④　Woon I. M. Y. and Pee L. G., "Behavioral factors affecting Internet abuse in the workplace-an empirical investigation," *SIGHCI 2004 Proceedings* (2004): 5.

⑤　éthier J. et al., "B2C web site quality and emotions during online shopping episodes: An empirical study," *Information & Management* 43 (2006): 627 – 639.

⑥　Chang M. K., Cheung W. and Lai V. S., "Literature derived reference models for the adoption of online shopping," *Information & Management* 42 (2005): 543 – 559.

⑦　孙岩、武春友：《环境行为理论研究评述》，《科研管理》2007 年第 3 期。

个人信息管理行为①。赵亮基于 Triandis 模型对影响消费者在线购买行为因素进行研究，发现情感因素影响了消费者在线购买行为②。李枫林等指出个体内部心理的、认知的和情感因素是影响虚拟社区信息分享意向的重要因素，用户在虚拟社区中分享信息是因为感觉到对他人有帮助而产生积极的情感（兴奋、愉悦等)③。许运超认为用户的个人威望、个人影响力、帮助他人的心理、能获得实际的利益和感知产品是否有用等情感因素会影响办公软件用户社会化分享行为的意愿④。张萧等人认为用户在知识社区中分享知识是因为对他人有帮助而产生愉悦感，从而在这种内在动机的激励下而增强自己知识共享行为意愿⑤。

前文扎根理论分析中指出个人态度是科研人员个人学术信息管理行为的影响因素，基于此提出如下假设：

H9：科研人员对个人学术信息进行管理的态度对其个人学术信息管理行为意向具有正向影响。

7.1.6 行为意向

行为意向是个人实施某种行为的主观意愿，个人对其行为的意向越强越有可能从事该行为，行为意向和行为之间存在高度的相关性，因此对实际行为的衡量可以通过行为意向来实现，这在信息系统使用和相关学科领域的研究中已被学者进行过相关的实证研

---

① Finneran C. M., "Factors that influence users to keep and leave information items: A case study of college students personal information management behavior" (master's thesis, Syracuse University, 2010), pp. 189 – 191.
② 赵亮：《影响消费者在线购买行为因素的实证研究》，硕士学位论文，黑龙江大学，2011。
③ 李枫林、周莎莎：《虚拟社区信息分享行为研究》，《图书情报工作》2011 年第 20 期。
④ 许运超：《办公软件社会化分享设计研究》，硕士学位论文，湖南大学，2013。
⑤ 张萧、周年喜、唐亚欧：《基于人际行为模型理论的知识社区共享行为研究》，《情报科学》2014 年第 5 期。

究[①]。基于此，本研究也通过对行为意向的测量来预测科研人员个人学术信息管理行为。

7.2　概念模型

本研究以行为理论为基础，结合国内外现有文献进行充分研究以及前文扎根理论的分析结果，构建了如图 7 - 1 所示的科研人员个人学术信息管理行为影响因素概念模型，以期更全面、系统地诠释科研人员个人学术信息管理行为的影响机制。科研人员对个人学术信息进行管理的行为意向取决于个人态度、感知结果、自我效能、个人习惯和便利条件五个因素。

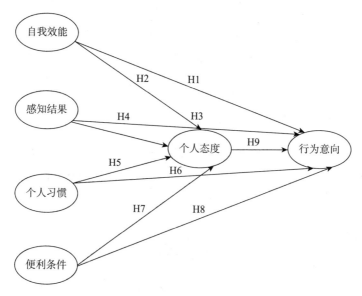

图 7 - 1　科研人员个人学术信息管理行为影响因素概念模型

① Ajzen I. , "The theory of planned behavior," *Organizational Behavior and Human Decision Processes* (50) 1991: 179 - 211; Sheppard B. H. , Hartwick J. and Warshaw P. R. , "The theory of reasoned action: A meta-analysis of past research with recommendations for modifications and future research," *Journal of Consumer Research* 15 (1988): 325 - 343.

第8章　科研人员个人学术信息管理行为影响因素模型实证研究

本章采用问卷调研的方法收集数据，利用 SPSS 19.0 和 AMOS 17.0 对数据进行分析并进一步验证模型和理论假设。

8.1　变量操作性测量问项

操作性测量问项是通过可观测、可测量和可操作的特征来对变量的具体含义进行界定，即从具体的行为、特征、指标对变量的具体操作进行描述，从而将抽象的概念转化为可观测、可检验的具体问项。

8.1.1　自我效能感的测量问项

本研究参考斯瓦策尔（Ralf Schwarzer）等人编制的一般自我效能量表（General Self-Efficacy Scale，GSES）[①]，并结合科研人员自身的特点，设计了自我效能感的测量问项，如表8－1所示。

表 8 – 1　自我效能感的测量问项

模型变量	测量问项
自我效能感 （Self-Efficacy，SE）	SE1 如果我尽力去对个人学术信息进行管理的话，我总是能够解决管理中面临的问题
	SE2 我自信能有效地应对任何突如其来的关于个人学术信息管理遇到的难题

[①]　"General Self-Efficacy Scale（GSES），" Accessed September 20，2014，http：//userpage. fu-berlin. de/ ~ health/selfscal. htm.

续表

模型变量	测量问项
自我效能感 （Self-Efficacy，SE）	SE3 在借助一些管理软件和工具的帮助下，我认为我有能力对个人学术信息进行有效管理
	SE4 我认为我有能力对学术信息的价值、来源进行有效评估判断，从而对有价值学术信息进行管理

资料来源：Lin H. F.，"Effects of extrinsic and intrinsic motivation on employee knowledge sharing intentions," *Journal of Information Science* 33（2007）：135 – 149；Lim S.，"How and why do college students use Wikipedia?"，*Journal of the American Society for Information Science and Technology* 60（2009）：2189 – 2202；胡象岭、田春凤、孙方尽：《中文版一般自我效能量表的信度和效度检验》，《心理学探新》2014 年第 1 期；以及前文扎根理论研究结论。

8.1.2　感知结果的测量问项

感知结果是科研人员对个人学术信息进行管理的有用性和预期结果的感知和判断，本研究参考汤普森（Ronald L. Thompson）等人量表，并结合科研人员对个人学术信息管理行为的预期和感知，设计了感知结果的测量问项，如表 8 – 2 所示。

表 8 – 2　感知结果的测量问项

模型变量	测量问项
感知结果 （Perceived Consequences，PC）	PC1 及时、有效地对我的学术信息进行管理就会降低信息丢失的风险
	PC2 及时、有效地对我的学术信息进行管理就会减少以后查找和利用信息的时间，从而提升科研工作效率
	PC3 我认为对个人学术信息进行管理是件复杂和烦琐的事情

资料来源：Thompson R. L.，Higgins C. A. and Howell J. M.，"Personal computing：Toward a conceptual model of utilization," *MIS Quarterly* 15（1991）：125 – 143；Thompson R. L.，Higgins C. A. and Howell J. M.，"Influence of experience on personal computer utilization：testing a conceptual model," *Journal of Management Information Systems* 11（1994）：167 – 187；Cheung W.，Chang M. K. and Lai V. S.，"Prediction of internet and world wide web usage at work：A test of an extended triandis model," *Decision Support Systems* 30（2000）：83 – 100；Chang M. K.，"Determinants of the intention to use Internet/WWW at work：A confirmatory study," *Information & Management* 39（2001）：1 – 14；Limayem M. and Hirt S. G.，"Force of habit and information systems usage：Theory and initial validation," *Journal of the Association for Information Systems* 4（2003）：3；Limayem M.，Khalifa M. and Chin W. W.，"Factors motivating software piracy：A longitudinal study," *IEEE Transactions on Engineering Management* 51

（2004）：414－425；Pee L. G. , Woon I. M. Y. and Kankanhalli A. , "Explaining non-work-related computing in the workplace：A comparison of alternative models," *Information & Management* 45 （2008）：120－130；赵亮：《影响消费者在线购买行为因素的实证研究》，硕士学位论文，黑龙江大学，2011；以及前文扎根理论研究结论。

8.1.3 个人习惯的测量问项

本研究参考伯杰隆（François Bergeron）等人量表①，并结合科研人员对个人学术信息进行管理的习惯特点，设计了个人习惯的测量问项，如表 8－3 所示。

表 8－3 个人习惯的测量问项

模型变量	测量问项
个人习惯（Personal Habit, PH）	PH1 科研学习过程中都会遇到各种不同的信息，我都有保存相关有用的信息以备日后使用的习惯
	PH2 我有定期对个人学术信息进行归档整理（如删除无用和重复的信息等）的习惯
	PH3 我有对个人学术信息进行安全保护的意识和习惯（如重要文件备份管理、U 盘、移动硬盘等电子设备定期杀毒等）
	PH4 我有对下载保存的信息进行及时分类组织的习惯
	PH5 我有利用软件、工具（如参考文件管理工具、桌面搜索工具等）对个人学术信息进行管理的习惯
	PH6 对个人学术信息进行管理已成为我科研工作的一部分

资料来源：Limayem M. and Hirt S. G. , "Force of habit and information systems usage：Theory and initial validation," *Journal of the Association for Information Systems* 4 （2003）：3；Pee L. G. , Woon I. M. Y. and Kankanhalli A. , "Explaining non-work-related computing in the workplace：A comparison of alternative models," *Information & Management* 45 （2008）：120－130；Robinson J. , "Triandis' theory of interpersonal behaviour in understanding software piracy behaviour in the South African context. " Accessed December 21, 2014. http：//mobile. wiredspace. wits. ac. za/bitstream/handle/10539/8377/J_ Robinson _ MA _ Research. pdf? sequence = 2；赵亮：《影响消费者在线购买行为因素的实证研究》，硕士学位论文，黑龙江大学，2011。

8.1.4 便利条件的测量问项

对于科研人员而言，对个人学术信息进行组织管理的便利条件

---

① Bergeron F. O. et al. , "Determinants of EIS use：Testing a behavioral model," *Decision Support Systems* 14 （1995）：131－146.

主要是网络技术和移动设备的发展所带来的便利性和一些工具、软件辅助性功能。本研究参考汤普森（Ronald L. Thompson）等人的量表，并结合当前信息环境中有利于个人学术信息管理的外部因素，设计了便利条件的测量问项，如表 8 - 4 所示。

表 8 - 4 便利条件的测量问项

模型变量	测量问项
	FC1 现在一些软件、工具具备的功能便于对个人学术信息进行有效的管理
	FC2 现在大部分个人学术信息管理软件、工具是免费的，节约了成本开支
便利条件 （Facilitating Conditions，FC）	FC3 现在大部分个人学术信息管理软件、工具都能有效地保护我的学术信息隐私和安全（如不会造成信息丢失、中毒和泄露等）
	FC4 随着网络技术和移动设备的发展，我可以实现随时随地在不同设备同步、共享和管理我的学术信息
	FC5 随着存储成本费用下降，我可以及时对信息进行备份（如移动硬盘备份和云存储）

资料来源：Thompson R. L., Higgins C. A. and Howell J. M., "Personal computing: Toward a conceptual model of utilization," *MIS Quarterly* 15 (1991): 125 - 143; Thompson R. L., Higgins C. A. and Howell J. M., "Influence of experience on personal computer utilization: Testing a conceptual model," *Journal of Management Information Systems* 11 (1994): 167 - 187; Bergeron F. O. et al., "Determinants of EIS use: Testing a behavioral model," *Decision Support Systems* 14 (1995): 131 - 146; Cheung W., Chang M. Kand Lai V. S., "Prediction of internet and world wide web usage at work: A test of an extended Triandis model," *Decision Support Systems* 30 (2000): 83 - 100; Chang M. K., "Determinants of the intention to use Internet/WWW at work: A confirmatory study," *Information & Management* 39 (2001): 1 - 14; Jones E., Sundaram S. and Chin W., "Factors leading to sales force automation use: A longitudinal analysis," *Journal of Personal Selling & Sales Management* 22 (2002): 145 - 156; Limayem M. and Hirt S. G., "Force of habit and information systems usage: Theory and initial validation," *Journal of the Association for Information Systems* 4 (2003): 3; Lin H. F., "Effects of extrinsic and intrinsic motivation on employee knowledge sharing intentions," *Journal of Information Science* 33 (2007): 135 - 149; Pee L. G., Woon I. M. Y. and Kankanhalli A., "Explaining non-work-related computing in the workplace: A comparison of alternative models," *Information & Management* 45 (2008): 120 - 130; Robinson J., "Triandis' theory of interpersonal behaviour in understanding software piracy behaviour in the South African context," Accessed December 21, 2014, http://mobile. wiredspace. wits. ac. za/bitstream/handle/10539/8377/J _ Robinson _ MA _ Research. pdf? sequence = 2; 赵亮：《影响消费者在线购买行为因素的实证研究》，硕士学位论文，黑龙江大学，2011。

8.1.5 个人态度的测量问项

个人态度是科研人员对个人学术信息管理行为所持有的正面或负面的情感，本研究参考菲什贝恩（Martin Fishbein）和艾奇森（Icek Ajzen）的量表设计出个人态度的测量问项，如表 8 - 5 所示。

表 8 - 5 　个人态度的测量问项

模型变量	测量问项
个人态度 （Personal Attitude，PA）	PA1 我认为对个人学术信息资源进行管理十分重要
	PA2 我认为对个人学术信息资源进行管理是明智之举
	PA3 我认为对个人学术信息资源进行管理对我的科研工作是有帮助的
	PA4 我认为目前的个人信息管理现状是能满足我的科研需要的

资料来源：Fishbein M. and Ajzen I.，"Belief, attitude, intention and behaviour：An introduction to theory and research," *Philosophy & Rhetoric* 41（1975）：842 - 844；Thompson R. L.，Higgins C. A. and Howell J. M.，"Personal computing：Toward a conceptual model of utilization," *MIS Quarterly* 15（1991）：125 - 143；Thompson R. L.，Higgins C. A. and Howell J. M.，"Influence of experience on personal computer utilization：Testing a conceptual model," *Journal of Management Information Systems* 11（1994）：167 - 187；Bergeron F. O. et al.，"Determinants of EIS use：Testing a behavioral model," *Decision Support Systems* 14（1995）：131 - 146；Cheung W.，Chang M. K. and Lai V. S.，"Prediction of internet and world wide web usage at work：A test of an extended Triandis model," *Decision Support Systems* 30（2000）：83 - 100；Chang M. K.，"Determinants of the intention to use Internet/WWW at work：A confirmatory study," *Information & Management* 39（2001）：1 - 14；Jones E.，Sundaram S. and Chin W.，"Factors leading to sales force automation use：A longitudinal analysis," *Journal of Personal Selling & Sales Management* 22（2002）：145 - 156；Huang J. H.，Lee B. C. Y. and Hsun Ho S.，"Consumer attitude toward gray market goods," *International Marketing Review* 21（2004）：598 - 614；Limayem M. and Hirt S. G.，"Force of habit and information systems usage：Theory and initial validation," *Journal of the Association for Information Systems* 4（2003）：3；Lin H. F.，"Effects of extrinsic and intrinsic motivation on employee knowledge sharing intentions," *Journal of Information Science* 33（2007）：135 - 149；Robinson J.，"Triandis' theory of interpersonal behaviour in understanding software piracy behaviour in the South African context," Accessed December 21, 2014, http://mobile. wiredspace. wits. ac. za/bitstream/handle/10539/8377/J_ Robinson_ MA_ Research. pdf? sequence = 2；刘冰：《移动商务消费者采纳的影响因素及实证研究》，硕士学位论文，北京邮电大学，2010；赵亮：《影响消费者在线购买行为因素的实证研究》，硕士学位论文，黑龙江大学，2011；前文扎根理论研究结论。

8.1.6　行为意向的测量问项

科研人员对个人学术信息进行管理的行为意向是指科研人员是否利用一些工具和采取一定的措施对个人学术信息进行管理的行为倾向。在影响个体行为的因素中，行为意向是最为直接和具有决定性的因素，本研究参考菲什贝恩（Martin Fishbein）和艾奇森（Icek Ajzen）的量表设计行为意向的测量问项，如表 8 - 6 所示。

表 8 - 6　行为意向的测量问项

模型变量	测量问项
行为意向 （Behavior intention，BI）	BI1 我认为个人学术信息管理很重要，我未来会对其进行有效的管理
	BI2 如果能提升科研工作的效率，我愿意及时对个人学术信息进行组织和管理
	BI3 如果有足够的时间和精力，我会对个人学术信息进行有效的管理

资料来源：Fishbein M. and Ajzen I. ，"Belief, Attitude, Intention and Behaviour：An introduction to theory and research，" *Philosophy & Rhetoric* 41（1975）：842 - 844；Davis F. D. ，Bagozzi R. P. and Warshaw P. R. ，"User acceptance of computer technology：a comparison of two theoretical models，" *Management science* 35（1989）：982 - 1003；Bergeron F. O. et al. ，"Determinants of EIS use：Testing a behavioral model，" *Decision Support Systems* 14（1995）：131 - 146；Venkatesh V. and Davis F. D. ，"A model of the antecedents of perceived ease of use：Development and test，" *Decision Sciences* 27（1996）：451 - 481；Cheung W. ，Chang M. K. and Lai V. S. ，"Prediction of internet and world wide web usage at work：A test of an extended triandis model，" *Decision Support Systems* 30（2000）：83 - 100；Chang M. K. ，"Determinants of the intention to use Internet/WWW at work：A confirmatory study，" *Information & Management* 39（2001）：1 - 14；Jones E. ，Sundaram S. and Chin W. ，"Factors leading to sales force automation use：A longitudinal analysis，" *Journal of Personal Selling & Sales Management* 22（2002）：145 - 156；Huang J. H. ，Lee B. C. Y. and Hsun Ho S. ，"Consumer attitude toward gray market goods，" *International Marketing Review* 21（2004）：598 - 614；Wu J. H. and Wang S. C. ，"What drives mobile commerce?：An empirical evaluation of the revised technology acceptance model，" *Information & Management* 42（2005）：719 - 729；Lin H. F. ，"Effects of extrinsic and intrinsic motivation on employee knowledge sharing intentions，" *Journal of Information Science* 33（2007）：135 - 149；Pee L. G. ，Woon I. M. Y. and Kankanhalli A. ，"Explaining non-work-related computing in the workplace：A comparison of alternative models，" *Information & Management* 45（2008）：120 - 130；赵亮：《影响消费者在线购买行为因素的实证研究》，硕士学位论文，黑龙江大学，2011。

8.2　问卷设计与数据收集

由若干题项构成，并期望这些题项构成一个复合分数，试图揭示不能轻易用直接方法来观察的理论变量的测量工具即为量表①。本研究问卷中测量量表的设计开发流程如下：①借鉴和改编自国内外相关文献中已经验证的测量问项，从而提高了问卷的内容效度；②根据笔者对科研人员的深度访谈结果进行修改补充，对访谈资料进一步归纳和总结，对问卷的问项语句进行修改和完善，使得本研究实践意义更强、更全面；③根据本研究的具体需要进行修改而成，同时还征求了信息行为和个人信息管理领域的专家学者对本问卷从总体上进行指导，力求使问卷科学合理，从而完成了本研究所需的问卷量表的初稿；④问卷初步设计后进行了两次小范围的预调研，主要是对问卷题项表达进行进一步的修改和完善，预调研测试对象对问卷设计的题意表达是否清楚、用词是否通顺完整、回答形式是否方便、题项所测得的构面特质是否适宜等都提出了意见。预调研问卷测试完后利用 SPSS 19.0 进行预试问卷项目分析、效度检验、信度检验，剔除了某些不可靠的问项，从而形成正式问卷（见附录4）。

本研究问卷调查的对象为学术科研经验丰富的高校教师、科研院所研究员和高校学生（硕士以上学历），以确保最大限度地了解科研人员学术信息管理的特点和需求。通过整理相关参考文献从而形成本问卷的理论依据，在进一步研究和讨论的基础上设计并最终形成调查问卷的初稿。正式的问卷共包括三个部分，分别是调查的介绍性说明部分、个人基本信息调查和与个人学术信息管理行为有关

---

① 罗伯特·F. 德威利斯：《量表编制——理论与应用》，魏勇刚、龙长权、宋武译，重庆大学出版社，2004，第11页；Churchill G. A., "A paradigm for developing better measures of marketing constructs," *Journal of Marketing Research* 16（1979）：64 - 73。

的调查。问卷的"基本信息调查"部分包括五个题项，主要涉及了被调查者的性别、年龄、学科、学历和职称。问卷的"个人学术信息管理行为影响因素"调查部分包括了 6 个变量 25 个题项，问项的测度采用李克特五分量表，答题范围由"1"非常不同意到"5"非常同意。

本次问卷通过"问卷星"在线问卷调查平台发放和回收调研问卷，为确保问卷回复的效率设定拒绝从同一 IP 地址、电脑和手机填写两份问卷以避免重复提交。本次问卷收集工作历时一个月，共收集有效问卷 276 份。本研究采用结构方程模型（Structural Equation Modeling，SEM）技术对上文的概念模型进行验证，SEM 处理的变量数目较多，变量之间的关系也比较复杂，样本数的影响在 SEM 中是一个重要的问题。SEM 适用于大样本的分析，取样样本数越多，则分析的稳定性和各种指标的适用性也越佳。一般而言，大于 200 的样本称得上是一个中型的样本[①]，如果从模型观测变量个数来进一步分析样本人数，测量问项与样本数的比例要在 1:5 以上，最好能达到 1:10，因此本研究的样本数量是符合要求的。

本次调研的有效样本为 276 个，男性占 46.4%，女性占 53.6%，被调查者的年龄分布在 26—40 岁的，占全部调查人数的 65%，这与学术科研人群的年龄分布总体情况一致，即科研人员主要以中青年为主。在科研人员专业分布情况的调查中，本研究结合教育部学位授予和人才培养学科目录进行专业调查，试图对各个学科人群进行调研。本次调查对象中共有 127 名教师或科研院所的研究员，占总人数的 46%，青年教师或研究员是学术科研的主要生力军，通过调研可以更深入地分析科研人员的个人学术信息管理行为。表 8 – 7 列出了本次调研的人口基本特征。

---

① 邱皓政、林碧芳：《结构方程模型的原理与应用》，中国轻工业出版社，2009，第 8—9 页。

表 8 - 7　样本基本特征

分类		数量（人）	占百分比（%）
性别	男性	128	46.37
	女性	148	53.63
	总人数	276	100
年龄段	18—25 岁	88	31.88
	26—30 岁	108	39.13
	31—40 岁	70	25.36
	41—50 岁	8	2.9
	>50 岁	2	0.72
	合计	276	100
学科	哲学	11	3.99
	经济学	2	0.72
	法学	33	11.96
	教育学	43	15.58
	文学	14	5.07
	历史学	1	0.36
	理学	9	3.26
	工学	42	15.22
	农学	4	1.45
	医学	0	0.00
	艺术学	0	0.00
	管理学	117	42.39
	合计	276	100
学位	硕士	192	69.57
	博士	84	30.43
	总人数	276	100
职称	助理研究员	39	14.13
	副研究员	3	1.09
	研究员	0	0.00
	讲师	73	26.45
	副教授	8	2.90

分类		数量（人）	占百分比（%）
职称	教授	4	1.45
	合计	127	46.02

8.3　变量的信度与效度分析

在对问卷数据进行分析之前，需要对问卷总体进行信度和效度检验，信度与效度检验是通过对外部测量模型的检验来完成的，本研究采用 SPSS 19.0 对数据进行信度与效度分析[①]。

8.3.1　信度检验

信度是指测验或量表工具所测得结果的稳定性及一致性，量表的信度越大，其测量标准误差则越小[②]。

内部一致性信度是最常用的信度评价方法，以克隆巴赫 α 系数 Cronbach's Alpha 作为测量信度的标准，α 系数越高，代表量表的内部一致性越高，一般认为 α 系数值等于 0.7 是一个较低但可以接受的量表边界值。本研究对总量表和问卷中潜变量（分量表）分别进行 Cronbach's Alpha 系数检验，结果如表 8－8 所示，量表的 Cronbach's Alpha 系数均大于 0.7，且总量表的 Cronbach's Alpha 系数值为 0.901，说明量表信度很好，各项指标的内部一致性程度比较高。

在信度检验中，如果某一个观测变量去除后量表的整体信度比保留其信度系数高出很多，则说明这一变量和其他变量所要测量的属性可能不相同，因此在项目分析中可以考虑将其删除。本研究 26 个观测变量"项已删除的克隆巴赫 α 系数值"如表 8－8 所示，通过

---

① 占南、谢笑、王文韬：《基于 ACSI 模型的个人云存储服务质量评价模型研究》，《情报杂志》2014 年第 6 期。

② 吴明隆：《问卷统计分析实务：SPSS 操作与应用》，重庆大学出版社，2010，第 237 页。

对比可以发现感知结果中的 PC3 和个人态度中的 PA4 的"项已删除的克隆巴赫 α 系数值"大于删除之前的克隆巴赫 α 系数值,故在此删除这两个观测变量。

表 8 – 8 变量信度检验结果

组名(潜变量)	Cronbach's Alpha 值	观测变量	项已删除的克隆巴赫 α 系数值
自我效能	0.774	SE1	0.738
		SE2	0.709
		SE3	0.728
		SE4	0.702
感知结果	0.718	PC1	0.609
		PC2	0.695
		PC3	0.805
个人习惯	0.775	PH1	0.754
		PH2	0.721
		PH3	0.767
		PH4	0.737
		PH5	0.746
		PH6	0.720
便利条件	0.700	FC1	0.660
		FC2	0.682
		FC3	0.660
		FC4	0.601
		FC5	0.645
个人态度	0.854	PA1	0.833
		PA2	0.769
		PA3	0.785
		PA4	0.891
行为意向	0.769	BI1	0.675
		BI2	0.716
		BI3	0.581

8.3.2　效度检验

效度是指测量的有效性，是检测测量结果能不能如实反映测量对象，分为内容效度和结构效度两种类型。本研究的测度项改编自已有文献，并结合深度访谈和扎根理论，设计调查问卷并进行问卷修正，因此可以认为是具有内容效度的。统计学上对结构效度进行验证最为常用的方法是因子分析，通过提取变量之间具有的共同因素，通过较少的构面代替原来比较复杂的数据结构。在因子分析之前，需要进行因子分析适合性检验，首先进行 KMO（Kaiser-Meyer-Olkin 取样适当性量数）分析和 Bartlett's 球形度检验，根据 KMO 值的大小判断题项间是否适合进行因素分析，KMO 是用来比较变量间简单相关和偏相关系数，其值越靠近 1，表示变量之间所具有的共同因素也越多，变量之间的净相关系数越低，数据比较适合进行探索性因子分析。本研究的 KMO 的统计值为 0.858，效果良好，说明变量之间存在共同因素，适合进行因子分析。此外 Bartlett's 球形度检验的近似卡方分布值为 2432.022（自由度为 253），显著性概率值 P = 0.000 < 0.05 已经达到显著性水平，可以认为净相关矩阵是单元矩阵的假设成立，说明总体的相关矩阵之间存在共同因素，适合进行因子分析。总量表的 KMO 分析与 Bartlett's 球形度检验结果如表 8 - 9 所示。

表 8 - 9　总量表的 KMO 分析与 Bartlett's 球形度检验

	取样足够的 Kaiser-Meyer-Olkin 度量	0.858
Bartlett's 球形度检验	Approx. Chi-Square（近似卡方分布）	2432.022
	df	253
	Sig.	0.000

表 8 - 10 为提取的公因子方差，是指因子解中每一个变量所解释的方差估计量，这些公因子是用来预测因子变量的多重相关的平方，数值越大说明题项变量的共同性越高，变量能测量到的共同因素特质

愈多，数值小则说明不适合作为因子，应该在分析中将其排除。

表 8 - 10　公因子方差

变量	方差	变量	方差
PA1	0.717	BI3	0.738
PA2	0.762	SE4	0.576
PA3	0.750	PH1	0.577
PC1	0.620	PH2	0.598
PC2	0.671	PH3	0.525
SE1	0.575	PH4	0.437
SE2	0.608	PH5	0.536
SE3	0.595	PH6	0.652
FC2	0.549	FC1	0.603
FC4	0.721	FC3	0.581
BI1	0.672	FC5	0.700
BI2	0.607		

8.4　假设检验

本研究使用结构方程模型（Structural Equation Modeling，SEM）对上文构建的概念模型进行验证，SEM 是一种对理论模型进行检验的统计方法。SEM 将变量分为可以直接进行测量的观测变量（指标变量、测度项），以及通过观测变量进行测量的潜变量（因子或构念），SEM 就是用来检验关于潜变量和观测变量之间假设关系的实证分析方法，就是用收集的数据来验证所构建的假设模型[①]。利用 A-MOS 17.0 提供的图形界面，将上文中提出的科研人员个人学术信息管理行为影响因素概念模型转化为由 6 个潜在变量和 23 个观测变量

---

① 陈晓萍、徐淑英、樊景立：《组织与管理研究的实证方法》，北京大学出版社，2008，第 290—291 页。

所构成的结构方程模型路径图，如图 8 - 1 所示。

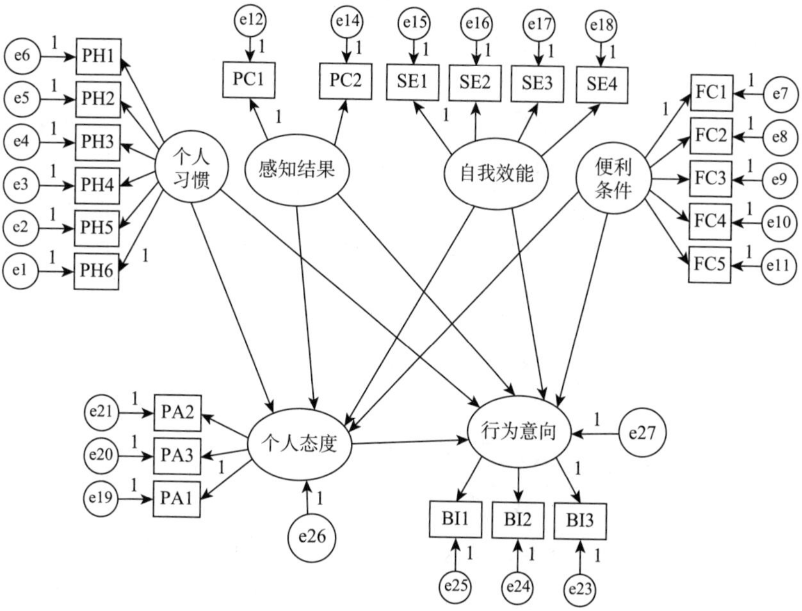

图 8 - 1　科研人员个人学术信息管理行为影响因素结构方程模型路径

在结构方程模型路径图的基础上，利用 AMOS17.0 计算出潜在变量相关系数以及模型适配度检验如表 8 - 11、表 8 - 12 所示。

在潜在变量相关系数中（如表 8 - 11 所示），除了"自我效能对个人态度"和"便利条件对个人态度"路径系数的显著性系数大于 0.05 的显著水平，其他的假设路径关系在 P < 0.05 水平下有显著影响通过检验，但是在模型适配度检验中 TLI、CFI、IFI 均小于 0.9，处于不可接受范围，上述检验结果表明，需要对概念模型进行修正。

表 8 - 11　潜在变量相关系数

路径关系	Estimate	S. E.	C. R.	P
行为意向←——自我效能 H1	0.306	0.067	4.541	***
个人态度←——自我效能 H2	0.150	0.076	1.983	0.197

路径关系	Estimate	S. E.	C. R.	P
个人态度←——感知结果 H4	0.566	0.083	6.785	***
行为意向←——感知结果 H3	0.397	0.098	4.048	0.021
个人态度←——个人习惯 H5	0.497	0.153	3.359	0.02
行为意向←——个人习惯 H6	0.663	0.103	6.414	***
个人态度←——便利条件 H7	0.174	0.106	1.642	0.101
行为意向←——便利条件 H8	0.514	0.11	9.896	***
行为意向←——个人态度 H9	0.817	0.874	4.793	***

表 8-12　模型适配度检验

适配度指数	适配标准	检验结果	是否符合标准
卡方与自由度之比（CMIN/DF）	1—3	2.341	符合
近似误差均方根（RMSEA）	<0.1	0.082	符合
非规准适配指数（TLI）	≥0.90	0.828	不符合
比较适配指数（CFI）	≥0.90	0.852	不符合
增值适配指数（IFI）	≥0.90	0.854	不符合
简约适配度指数（PGFI）	>0.50	0.646	符合
简约调整后的规准适配指数（PNFI）	>0.50	0.664	符合

　　如果研究者根据理论文献或经验所提出的假设模型图经过适配度检验无法与观察数据适配时，表明假设模型还需要进行修正，假设理论模型的修正必须根据一定的理论或者经验，还可以参考 A-MOS 提供的修正指标（Modification Indices，MI）进行判断。最大的MI 参数代表如果将某一个固定参数改成自由参数进行重新估算时，这个参数能够使整个模型卡方值降低[1]。在本研究中基于 AMOS 17.0得出需要进行修正的误差项，接着通过增加变量间的相关关系（如表 8-13 所示）对原概念模型进行修正。

---

①　吴明隆：《问卷统计分析实务：SPSS 操作与应用》，重庆大学出版社，2010，第158 页。

表 8 – 13　修正模型增加的相关关系

e1←→e2	e9←→e11	e20←→e23	e7←→e11
e12←→e18	e4←→e7	e9←→e15	e1←→e21

利用 AMOS 17.0 对修改后的模型进行重新检验，得到修正后的潜变量相关系数、潜变量和观测变量相互关系、模型适配度（如表 8 – 14、表 8 – 15、表 8 – 16 所示）。从模型检验的结果表明，本研究提出的研究假设 H1、H3、H4、H5、H6、H8、H9 成立，均在 p < 0.05 水平下通过显著性检验（如表 8 – 17 所示）。路径分析结果如图 8 – 2 所示。修正后的潜变量和观测变量间的相关系数介于 0.50—0.95，结构模型适配度指标均处于可以接受状态，表示模型的基本适配度良好，观测变量能有效反映要测得的构念特质。

表 8 – 14　修正后模型潜变量相关系数

路径关系	Estimate	S. E.	C. R.	P
行为意向←──自我效能 H1	0.365	0.137	2.491	***
个人态度←──自我效能 H2	0.159	0.084	1.941	0.189
行为意向←──感知结果 H3	0.404	0.133	3.046	0.002
个人态度←──感知结果 H4	0.639	0.113	5.647	***
个人态度←──个人习惯 H5	0.597	0.253	2.359	0.018
行为意向←──个人习惯 H6	0.724	0.184	4.899	***
个人态度←──便利条件 H7	0.185	0.112	1.852	0.09
行为意向←──便利条件 H8	0.545	0.125	9.124	***
行为意向←──个人态度 H9	0.842	0.884	4.953	***

表 8 – 15　潜变量与观测变量的相互关系

路径关系	路径系数
SE1 ←──自我效能	0.785
SE2 ←──自我效能	0.666
SE3 ←──自我效能	0.615
SE4 ←──自我效能	0.723

路径关系	路径系数
PC1 ←——感知结果	0.734
PC2 ←——感知结果	0.862
PH1 ←——个人习惯	0.789
PH2 ←——个人习惯	0.509
PH3 ←——个人习惯	0.755
PH4 ←——个人习惯	0.525
PH5 ←——个人习惯	0.663
PH6 ←——个人习惯	0.550
FC1 ←——便利条件	0.637
FC2 ←——便利条件	0.657
FC3 ←——便利条件	0.427
FC4 ←——便利条件	0.517
FC5 ←——便利条件	0.724
PA1 ←——个人态度	0.844
PA2 ←——个人态度	0.625
PA3 ←——个人态度	0.832
BI1 ←——行为意向	0.827
BI2 ←——行为意向	0.793
BI3 ←——行为意向	0.783

表 8-16　修正后模型适配度检验

适配度指数	适配标准	检验结果	是否符合标准
卡方与自由度之比（CMIN/DF）	1—3	1.061	符合
近似误差均方根（RMSEA）	<0.1	0.018	符合
非规准适配指数（TLI）	≥0.90	0.992	符合
比较适配指数（CFI）	≥0.90	0.994	符合
增值适配指数（IFI）	≥0.90	0.994	符合
简约适配度指数（PGFI）	>0.50	0.664	符合
简约调整后的规准适配指数（PNFI）	>0.50	0.715	符合

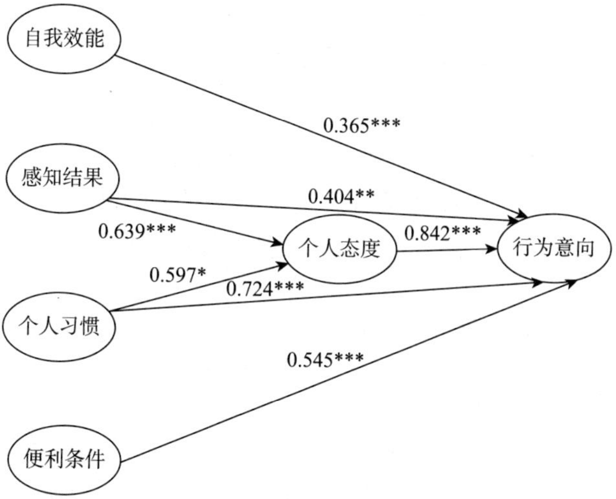

图 8 - 2　结构模型与路径系数

注：* 表示 P < 0.05，** 表示 P < 0.01，*** 表示 P < 0.001。

表 8 - 17　研究假设检验结果

序号	研究假设	检验结果
H1	科研人员自我效能对其个人学术信息管理行为意向具有正向影响	支持
H2	科研人员自我效能和其对个人学术信息进行管理的态度具有正向关系	不支持
H3	科研人员对个人学术信息进行管理行为的感知结果对其个人学术信息管理行为意向具有正向影响	支持
H4	科研人员对个人学术信息进行管理行为的感知结果和其对个人学术信息进行管理的态度具有正向关系	支持
H5	科研人员的个人习惯和其对个人学术信息进行管理的态度具有正向关系	部分支持
H6	科研人员的个人习惯对其个人学术信息管理行为意向具有正向影响	支持
H7	便利条件和科研人员对个人学术信息进行管理的态度具有正向关系	不支持
H8	便利条件对科研人员个人学术信息进行管理的行为意向具有正向影响	支持
H9	科研人员对个人学术信息进行管理的态度对其个人学术信息管理行为意向有正向影响	支持

8.5 研究结果讨论

根据上文经过验证的科研人员个人学术信息管理行为影响因素概念模型，本节对变量之间的关系及其路径系数进行分析和讨论，以便从中发现影响科研人员个人学术信息管理行为的关键因素。

8.5.1 潜变量路径关系分析

概念模型中"H2 科研人员自我效能和其对个人学术信息进行管理的态度具有正向关系"没有通过验证，原因可能是自我效能是科研人员在对学术信息进行管理时对自身能力的一种判断，而个人态度是科研人员对于个人学术信息管理的认知和个人情感，这种能力最后会影响科研人员对学术信息进行管理的行为意向，而对其态度影响则不明显。概念模型中"H7 便利条件和科研人员对个人学术信息进行管理的态度具有正向关系"没有通过验证，原因在于便利条件是科研人员在对学术信息进行保存、组织、整理和再现时外部环境所能提供的信息环境和辅助性工具和软件，这些外部因素会对其具体的行为意向产生影响，而对其个人态度的影响则不明显。

从图 8-2 可知，"个人态度"受到"感知结果"（0.639）和"个人习惯"（0.597）的影响，两者的影响程度相当，可见科研人员对个人学术信息进行管理是否重要、明智和有帮助的认知主要是受到对个人学术信息进行及时有效管理的感知结果和科研人员在日常学术科研环境中逐渐培养的学术信息管理习惯的影响。"行为意向"受到"自我效能"（0.365）、"感知结果"（0.404）、"个人习惯"（0.724）、"便利条件"（0.545）和"个人态度"（0.842）的共同影响。行为意向是科研人员对于学术信息进行及时、有效管理的主观倾向，个人态度和个人习惯对行为意向的影响最为明显，由此可见科研人员是否对学术信息进行保存、序化组织和管理的行为趋向主要是取决于其在日常学术科研环境中的学术信息保存、组织、整理、安全保护等的习惯和其对学术信息进行管理重要性、明智性和帮助性的认知。此外，便利条件也对科研人员行为意向具有一定的影响，这些条件包括外部的信息网络环境、学术信息管理软件和工具等对科研人员对学术信息进行有效管理提供了帮助。感知结果对科研人员行为意向存在影响，科研人员对学术信息进行管理结果的感知直接影响了其行为意向，这种感知的结果包括及时、有效的学术信息管理能降低信息丢失的风险和提升科研工作的效率。自我效能对科研人员行为意向的影响较低，可见科研人员对自身在学术信息管理上的能力和信念对于其学术信息进行管理的主观倾向影响相比个人习惯和个人态度较小。

8.5.2　潜变量与观测变量路径关系分析

根据表 8 - 15 中潜变量与观测变量的路径系数，可以看出"自我效能"所涉及的四个指标中 SE1（0.785）和 SE4（0.723）对潜变量的相对重要性较高。在"感知结果"的 2 个观测变量中，PC2 及时、有效地对学术信息进行管理可以减少信息查找和利用的时间，从而提升科研工作的效率（0.862）的相对重要性较高，是影响科研人员个人学术信息管理行为意向的重要因素。在"个人习惯"的 6 个观测变量中，PH1（0.789）、PH3（0.755）、PH5（0.663）对潜变量的相对重要性较高，可见科研人员在日常的学术科研中所养成的学术信息保存的习惯、学术信息安全保护习惯和利用工具、软件辅助管理学术信息的习惯是影响行为意向的主要因素。在"便利条件"的 5 个观测变量中，FC1（0.637）、FC2（0.657）、FC5（0.724）对潜变量的相对重要性较高，由此可见学术信息管理工具软件的辅助功能、免费性和当前信息存储成本的下降是影响行为意向的主要因素。在"个人态度"的三个观测变量中，PA1（0.844）和 PA3（0.825）对潜变量的相对重要性较高，可以看出科研人员对个人学术信息管理行为重要性和帮助性的认知是影响其行为意向的主要因素。

　　上述分析结果对于了解科研人员个人学术信息管理行为机制和影响因素具有一定指导意义，本研究的实证研究结果主要是：①个人态度是影响行为意向最为重要的因素，科研人员对个人学术信息管理感知结果和个人习惯是影响个人态度的主要因素；②感知结果、个人习惯、便利条件和自我效能是影响科研人员个人学术信息管理行为意向主要因素。

第9章 面向科研人员的个人学术信息管理工具分析与设计

随着学术信息的长期积累，由于存放位置、信息组织和管理等带来的问题使得科研用户在需要的时候无法及时找到所需资源，往往会导致学术信息的无序、重复和碎片化问题并浪费一定的时间和精力。

数字化学术科研时代具有高知识依存度和高协同工作度特点的科研人员如何对获取的繁杂的信息资源进行有效的组织和管理，以便日后学术科研活动的顺利开展，从而不断提升自身的学术创新能力和竞争力显得尤为重要。有效的信息组织可以将繁杂、无序的信息实现系统化和有序化，能够极大的提高科研人员的学习和工作效率，促进信息更加充分的利用，从而提升科研人员的知识创新能力。在数字学术信息量迅速增长的环境下，科研人员需要处理大量的学术信息，因此利用有效的软件工具对个人学术信息进行组织管理可以节省时间和精力，提升科研工作的效率。1966 年管理学大师德鲁克在其著作《卓有成效的管理者》一书中首次提出了知识工作者（Knowledge Worker）的概念，是指那些主要工作内容是处理和利用信息和知识的人，科研人员就是知识工作者中的一个群体。国际数据公司 IDC（International Data Corporation）研究报告指出知识工作者 90% 所谓的"创新工作"都是重复性的工作，他们花费了 1/3 的时间寻找他们永远没有找到的信息上[①]。科研人员的竞争优势不在于他所掌握的学术信息的数量，而在于如何通过对学术信息的有效的管理实现信息利用和知识创新。因此需要利用高效的信息管理工具

---

① 李奕：《数字化时代的个人知识管理》，吉林人民出版社，2006，第 3 页。

对个人学术信息进行组织管理，促进知识的交流和传播，从而提升科研工作的效率。随着科研人员接触和处理的学术信息类型越来越多、数量越来越大，面临着学术信息过载和冗余的种种挑战，个人对于信息的处理和记忆的能力是极为有限的，需要利用一些工具对庞杂的学术信息进行组织和管理。

9.1　个人信息管理工具研究

古代人类和外界的联系接触较少，信息的传递通过结绳记事和人工记录就可以满足人类的基本信息需求。但是随着信息社会的不断发展，人们面临着信息过载的挑战，人类作为信息处理的载体，囿于个人记忆的局限，信息处理的能力也是有限的，由此也会大大降低个人信息管理的效率，个人信息管理工具的出现也就顺理成章。博德曼（Richard Boardman）指出个人信息管理工具就是用户管理个人信息集合的软件工具，它的主要功能包括四个方面：①支持信息获取机制，可以随时在信息集内添加信息；②支持信息组织机制，将信息集内的信息进行合理的安排和有效的组织；③支持信息管理机制，可以自动实现信息更新、剔除重复信息等；④支持信息检索机制，通过浏览、归类或者搜索等操作能及时从信息集中查找到所需信息[①]。沃伦（Paul Warren）针对目前个人信息管理出现的信息过载、信息碎片化等问题提出了四个技术性解决方法：①部署一个统一的文件系统管理所用的信息对象，包括文件、电子邮件和网页链接；②采用标签分类信息；③上下文情境可以有效地帮助信息检索；④语义技术的使用，基于 RDF 和 OWL 标准的机器学习和自然语言处理，从而支持不同应用间的信息检索和信息交互[②]。

---

①　Boardman R. P. , "Improving tool support for personal information management" （Ph. D. diss. , University of London, 2004）.

②　Warren P. , "Personal information management: The case for an evolutionary approach," *Interacting with Computers* 7 （2013）: 1 – 30.

目前国外学者对个人信息管理工具的设计开发主要分为三大类——整合信息管理工具、语义信息管理工具和可视化信息管理工具。

（1）整合信息管理工具

个人信息整合就是对个人所拥有的文档、视频、音频、图片、电子邮件、网页书签等信息进行有效的组织，解决信息分散、信息格式不统一等问题，实现个人信息的集成和统一。迪迈（Susan Dumais）等人开发的 Stuff I've Seen（SIS）系统能够统一组织整合各种格式信息（如文件、电子邮件、网页、照片、视频等），用户可以使用关键词或情境线索（如信息产生时间、作者等）对信息进行检索[①]。UMEA（User-Monitoring Environment for Activities）也是基于任务整合个人信息的工具，它将与任务相关的文档、网址和联系人等组织起来，并对任务进行监控，自动添加与该任务相关的信息，为个人提供管理辅助功能[②]。克里斯南（Aparna Krishnan）和琼斯（Steve Jones）等人指出随着用户工作和任务的变化，个人信息空间集合也会持续更新和改变，由此设计 TimeSpace 系统，TimeSpace 允许用户创建相关信息集合的虚拟工作空间，这些工作空间可以用于捕捉信息之间的逻辑关系，与同一活动相关的信息可以聚集在一个工作空间。TimeSpace 通过时间维度对用户自定义空间进行可视化，以帮助用户理解和跟踪他们的活动[③]。柯林斯（Anthony Collins）等人认为个人信息管理的一个重要问题就是信息分散，而个人信息管理最主要就是帮助人们有效地完成日常的工作任务，由此构建一个多用户交互式桌面 Focus，支持用户在共享工作空间内进行信息分享和交换。Focus 不受信息存储位置的影响，可以统一存取文件、邮

[①] Dumais S. et al., "Stuff I've seen: A system for personal information retrieval and Re-Use," *ACM SIGIR Forum* 49 (2016): 28 – 35.

[②] Kaptelinin V., "UMEA: Translating interaction histories into project contexts" (paper repersented at the Proceedings of the SIGCHI conference on Human factors in computing systems, Fort Lauderdale, Florida, April 5 – 10, 2003), pp. 353 – 360.

[③] Krishnana A. and Jones S., "Time space: Activity-based temporal visualisation of personal information spaces," *Personal and Ubiquitous Computing* 9 (2005): 46 – 65.

件、图片和网页①。琼斯（William Jones）等人指出人们从种类繁多的信息中查找所需信息是一个非常值得研究的问题，并设计了开放源代码的个人项目规划软件 Planz，Planz 采用文件夹结构组织文档、电子邮件、网络资源和随手笔记，主要是基于任务层次对相关的个人信息进行组织，实现了不同来源、不同格式且相关联信息的整合管理，用户在完成日常任务时就能方便地利用个人信息②。周（Linda Zhou）等人认为管理个人信息如待办事项和联系人信息耗费了大量的时间和精力，为了克服传统的个人信息管理工具的缺陷而设计了移动个人信息管理工具 PIMA，基于自然语言界面和信息整合组织实现了移动设备上的个人信息管理。作者通过调查用户对工具的使用发现 PIMA 改善了用户的感知有用性、易用性和个人信息管理效率，用户对该工具有持续使用的意愿③。刘成霞等人发现目前用户的个人信息分散在不同的地方，用户需要随时随地对个人信息进行存取，作者由此设计了利用富界面应用技术管理个人信息的系统，该系统是基于 Microsoft 为构建面向服务的应用程序而提供的统一编程模型 Windows Communication Foundation（WCF），由 Microsoft Silverlight 开发的分布式体系结构，可以方便用户对个人邮件、日程、资产等信息进行统一管理④。个人文档存储常用方法是构建层次文件夹结构，这会造成用户在日后检索所需文件时花费大量的时间，蔡

①　Collins A. and Kay J. , "Collaborative personal information management with shared, interactive tabletops," Accessed December 16, 2016, http://sydney. edu. au/engineering/it/ ~ judy/Homec/Pubs/2008_ CHI_ PIM_ Collins. pdf.

②　Jones W. et al. , "Writing new stories for the same old file system"（paper repersented at the NSF-Sponsored Invitational Workshop on Personal Information Management, Vancouver, British, 2009）.

③　Zhou L. , Mohammed A. Sand Zhang D. , "Mobile personal information management agent: Supporting natural language interface and application integration," *Information Processing & Management* 48（2012）: 23 – 31.

④　Liu C. and Zhu M. L. , "Design and implementation of personal information management System in Internet"（paper repersented at the Proceedings of the 2013 International Conference on Information, Business and Education Technology, Beijing, China, March 2013）, pp. 624 – 627.

（Chih-Fong Tsai）等人开发了个人科技文档检索系统 Local Content，由数据库索引和检索两个部分组成，索引采用的是自然语言处理技术提取文档中的特征字段，并将提取的字段采用倒排索引以备日后的检索，检索结果呈现为图形用户界面①。

（2）语义信息管理工具

随着互联网技术的发展，个人所拥有的信息量与日俱增，如何有效地管理和利用信息成为迫切需要解决的问题，国外研究者提出应有效地利用信息之间的语义关联对其进行管理和利用。权（Dennis Quan）等人开发设计了一个用户终端语义网络应用平台 Haystack，可以通过语义自动管理个人信息，利用语义网络技术可以使用户更容易地管理文件、电子邮件、网页书签以及日程安排等信息。该原型系统在使用运行时存在很多问题而没有获得成功，该设计团队又开发了 Hayloft 项目以解决 Haystack 中所存在的问题②。哈勒维（Alon Halevy）等人设计了 SEMEX（SEMantics Explorer，语义浏览器）个人信息语义组织系统，SEMEX 能够自动创建用户电脑中信息项之间的关联，用户通过该系统可以跨工具利用语义关联搜索和管理个人信息③。切耶尔（Adam Cheyer）等人开发了语义桌面系统 I-RIS（Integrate，Relate，Infer，Share），允许用户在与工作相关的信息中创建"个人地图"，通过语义对不同工具中的个人信息进行组织整合④。里克特（Jörg Richter）等人设计的开源语义桌面应用 Deepa

①　Tsai C. F. et al. , "Local content: A personal scientific document retrieval system," *Electronic Library* 33（2015）: 373 – 385.

②　Quan D. , Huynh D. and Karger D. R. , "Haystack: A platform for authoring end user semantic web applications"（paper repersented at the International Semantic Web Conference, Florida, USA, October 2003）, pp. 738 – 753.

③　Dong X. L. , Halevy A. , "A platform for personal information management and integration"（paper repersented at theProceedings of VLDB, Trondheim, Norway, September 2005）, pp. 26 – 30.

④　Cheyer A. , Park J. and Giuli R. , "IRIS: Integrate, Relate, Infer, Share," Accessed December 16, 2013, http://oai. dtic. mil/oai/oai? verb = getRecord&metadataPrefix = html&identifier = ADA454793.

Mehta 是一种知识管理工具，用户可以将个人信息空间中的文件、电子邮件和网页信息等整合到 Deepa Mehta 的桌面环境中，通过信息之间的语义关系对信息进行组织管理①。奥伦（Eyal Oren）指出对桌面信息进行语义注释可以解决移动环境下信息分散的问题，并开发了语义个人维基应用 Semper Wiki，允许用户以类似于社区维基的方式在桌面或移动设备上组织信息，易于使用并具有良好的检索和查询性能，能够基于用户的语义注释进行智能导航②。类似的语义桌面系统还有 Fenfire，目前已经发布了 Fenfire 0.2 版本，它是建立在语义网络技术之上的基于图形的笔记备忘系统，包括一些关联数据浏览的特征，它提供了一个可视化图形编辑页面，用户可以建立信息资源之间的内在关系，从而帮助用户按照个人需要对各种类型的信息资源进行组织③。里斯（Uwe V. Riss）指出支持知识性工作的工具需要具备任务管理、时间管理、个人社会网络管理、活动管理、信息管理和协同管理的功能，语义桌面能有效解决知识性工作桌面环境分散的问题。由此开发了基于维基的任务和个人信息管理工具 TAPIR（Task and Personal Information Rendering），结合了基于维基的个人信息管理和基于语义结构的任务过程管理，实现个人语义维基和语义桌面相结合④。

（3）可视化信息管理工具

可视化就是通过线条、图形、表格等形式将抽象的信息及其之间的关系以直观的方式向用户予以呈现，是信息组织管理工具的一

① Richter J., Völkel M. and Haller H., "Deepa mehta-A semantic desktop," Accessed December 16, 2013, http://www.aifb.kit.edu/images/c/c1/2005_1032_Richter_DeepaMehta_-_A_1.pdf.

② Oren E., "Semper Wiki: A semantic personal Wiki," Accessed December 16, 2013, http://m3pe.deri.ie/publications/semperwiki-semdesk.pdf.

③ Hastrup T., Cyganiak R. and Bojars U., "Browsing linked data with fenfire," Accessed December 16, 2013, http://aran.library.nuigalway.ie/xmlui/handle/10379/537? show=full.

④ Riss U. V., "TAPIR: Wiki-Based task and personal information management supporting subjective process management" (paper repersented at the International Conference on Subject-Oriented Business Process Management, Vienna, Austria, April 2012), pp. 220 - 235.

个重要功能。微软研究院开发的 My Life Bits 是第一个真正实现布什提出的 Memex 设想的系统项目，能存储用户所拥有的数字信息（包括文档、图片、视频和音频）的系统，该项目致力于实现个人信息数字化存储，实现用户界面可视化管理①。山口（Toshihiro Yamaguchi）等人指出用户网页书签和历史浏览记录信息仅仅包括标题和网页链接，用户由于无法记住每个网页的内容而很难追溯查询历史信息，由此设计了基于 3D 界面的网络书签信息组织系统，通过信息可视化技术存储、分层组织网页信息为用户提供交互信息空间②。阿贾拉瓦拉（Anand Agarawala）等人模拟了物理环境下文件管理模式，利用"piling"作为基本的组织结构，设计了 Bump Top 桌面组织工具，用户可以在虚拟桌面上根据自己的习惯随意摆放文件，可以借助鼠标"笔"的拖拽功能实现交互体验。用户用鼠标"笔"在桌面点击并划出需要管理的文件，系统会自动显示对该文件的相应操作选项如移动、复制、删除等，这种新型的模拟物理环境的可视化文件组织管理工具更容易被用户采纳③。陈（Chien-Hsun Chen）等人设计了个人信息重组系统 PIRS（Personal Information Re-Organization System）包括可视化标签网络插件和检索结果显示窗口，允许用户对信息进行可视化组织④。戈梅斯（Paulo Gomes）等人设计的交互式可视化工具 ViseMe 对于时间上相关联的信息进行整合和统一显

---

①　Gemmell J. et al. , "My Life Bits: Fulfilling the memex vision" (paper repersented at theProceedings of the tenth ACM international conference on Multimedia, Juan les Pins, France, December 2002), pp. 235 – 238.

②　Yamaguchi T. et al. , "On a web browsing support system with 3d visualization" (paper repersented at the Proceedings of the 13th international World Wide Web conference on Alternate track papers & posters, New York, USA, May 2004), pp. 316 – 317.

③　Agarawala A. and Balakrishnan R. , "Keep in'it real: Pushing the desktop metaphor with physics, piles and the pen" (paper repersented at the Proceedings of the SIGCHI conference on Human Factors in computing systems, Montreal, Canada, April 2006), pp. 1283 – 1292.

④　Chen C. H. et al. , "A web-based tagging tool for organizing personal documents on PCs," Accessed December 16, 2013, http://works. bepress. com/cgi/viewcontent. cgi? article = 1017&context = lucemia.

示，对用户所拥有的散放在不同的地方和设备中的信息进行总体把握并及时查询到需要的信息①。随着信息检索和存储的不断发展，个人所拥有和处理的信息量也与日俱增。语义网络技术可以对个人数据进行更好的处理，可视化技术能够改善用户信息浏览和检索体验。卡西诺（Francesco Carrino）等人开发的 Memoria-Mea 项目旨在支持用户对"多媒体记忆"（如照片、视频、音频等）进行检索、浏览和可视化，Memoria-Mea 基于个人信息标引和分类技术，整合了基于本体的注释、推理和数据挖掘技术②。博格曼（Ofer Bergman）等人指出人们手机中大量闲置未用的联系人信息会浪费大量的精力和智能手机有限的屏幕容量，为了解决这个问题，作者开发了一个联系人列表界面工具 DMTR，可以自动地将用户手机内闲置未用的联系人信息字体变小并置于联系人列表的下方。通过对用户使用此工具的调查结果表明使用 DMTR 能够更容易地查找联系人信息并且他们愿意在未来的手机中持续使用该工具③。

国内对个人信息管理工具的研究主要是在信息管理专业和计算机专业开展，信息管理专业主要是对国外的个人信息管理工具、系统或原型进行综述性介绍，计算机专业则设计开发出了个人信息管理工具，但是这些工具并未推广使用。占南等人指出个人信息空间管理系统应具备个人信息整合、个人信息检索、个人信息共享和个人信息安全的功能，进一步介绍了国外 Semex 系统实例④。谢笑等人

①　Gomes P. , Gama Sand Gonçalves D. , "Designing a personal information visualization tool"（paper repersented at the Proceedings of the 6th Nordic Conference on Human-Computer Interaction：Extending Boundaries, Reykjavik, Iceland, October2010）, pp. 663 – 666.

②　Carrino F. et al. , "Memoria-Mea：Combining semantic technologies and interactive visualization techniques for personal information management"（paper repersented at theProceedings of the Atlantic Web Intelligence Conference, Fribourg, Switzerland, January 2011）, pp. 83 – 92.

③　Bergman O. et al. , "You never call：Demoting unused contacts on mobile phones using DMTR," *Personal and Ubiquitous Computing* 16（2012）：757 – 766.

④　占南、谢笑、谢阳群：《个人信息空间管理研究初探》，《情报科学》2011 年第 8 期。

介绍了国外 Stuff I've Seen、Google Desktop Search、Semex 和 Haystack 几种工具，同时也指出了目前个人信息检索工具中存在的问题①。唐先富等人对个人信息管理工具的发展历程、现状和未来发展趋势进行了介绍②。王文韬等人提出将个人数字图书馆用于个人信息管理的可能性及措施，介绍并探讨了面向客体和面向活动的国外个人信息管理原型，从面向电子邮件、网页管理和文档管理介绍了各方面不同类型的可视化工具原型的功能和优缺点，为可视化工具原型的研究提供指导③。高翔指出了个人记忆在个人信息管理中的重要性，根据个人记忆的特点采用 Ajax 架构设计了 Boogu 在线个人信息管理工具④。邓昌智等人基于活动理论对任务、任务相关信息及其关系进行研究，构建了一个以活动为中心的个人信息管理工具——ACPIM（activity-centered personal information management），减轻了用户认知和记忆的负担并且提高了工作效率⑤。陈明炫等人为了满足用户在移动环境下对于个人信息进行管理的需求，开发设计了一个移动设备个人信息管理工具——Ruby，移动环境下用户可以利用智能笔输入和查找个人信息，未来会定制个性化的个人信息管理用户界面⑥。

---

① 谢笑、占南：《个人信息检索工具的应用现状与优化策略》，《情报科学》2012 年第 11 期。

② 唐先富、陈淑娟：《个人信息管理工具的发展研究》，《现代情报》2013 年第 8 期。

③ 王文韬、谢阳群、乐露露：《面向 PIM 的个人数字图书馆研究》，《情报杂志》2012 年第 1 期；王文韬、谢阳群：《面向个人信息管理的一体化个人数字图书馆软件功能扩展研究》，《图书馆论坛》2012 年第 3 期；王文韬、谢阳群、谢笑：《面向整合的国外个人信息管理原型研究》，《情报杂志》2012 年第 11 期；王文韬、谢阳群、占南：《基于信息可视化角度的国外个人信息管理工具原型研究》，《图书馆学研究》2013 年第 2 期。

④ 高翔：《个人信息管理与记忆研究》，硕士学位论文，电子科技大学，2007。

⑤ 邓昌智等：《以活动为中心的个人信息管理》，《软件学报》2008 年第 6 期。

⑥ 陈明炫等：《Ruby：一个基于移动设备的个人信息管理系统》，《计算机辅助设计与图形学学报》2010 年第 9 期。

9.2　个人学术信息管理工具使用现状分析

前文提到的个人信息管理工具原型和由于与用户个人习惯不一致、操作复杂、未充分考虑用户个体需求、没有进行测评①等原因并未得到广泛的应用和推广。本研究通过对科研人员个人学术信息管理行为深度访谈内容进行扎根研究发现科研人员在使用工具管理学术信息时，对工具的易用性、有用性、安全性、工具界面、管理效率、智能性、对网络的依赖性、稳定性要求高。通过访谈发现大部分科研人员会采用工具对个人学术信息进行管理，按照管理信息类型的不同分为文献信息管理工具、学术信息保存工具和学术信息搜索工具如图 9 - 1 所示。

图 9 - 1　个人学术信息管理工具类型

（1）文献信息管理工具，如 Endnote、Noteexpress 和 CNKI E-Study 等。对于科研人员而言，知识的创新离不开对大量文献信息的阅读，文献信息管理工具可以非常方便地帮助他们管理文献信息，实现一站式文献研读和管理、跨数据库文献检索和论文写作格式编辑与排版。但是在访谈中笔者发现虽然目前文献信息管理工具功能逐渐完善，受访者对于此类型工具的评价褒贬不一。受访者普遍反映在笔记注释和查找、参考文献格式管理、软件系统稳定性、多种学术信息资源（如网页学术信息、图片学术信息等）整合、软件开

---

① Jones W. and Teevan J., *Personal Information Management*（Seattle：University of Washington Press，2007），pp. 190 - 202.

源性等方面各个软件都有其功能缺陷，需要在未来进一步改进。

　　　　P：Endnote 我用过，那是因为我要做综述，我觉得挺好用的，尤其是做综述，我们刚完成的那个索引课题就完全是它的功劳，要不然全靠人工会很累的。

　　　　P：我上学期用 Noteexpress，但是后来我电脑出问题后软件就不能用了，不会更新了，虽然我的题录还在，但是数据量很大，恢复起来也是需要时间的，所以说软件要是开发不成熟会很麻烦。

　　　　P：二手资料就是有关于维基百科的研究或者是有关于什么中国网络的研究，那是有标准格式的，属于已发表或半发表的东西，我会放在 Zotero 管理。Endnote 我很早之前用过，我用 Zotero 的原因大概是它是 open source 的，它对网页资料比较好（管理），Endnote 对网络内容不是那么好处理。

　　（2）学术信息保存工具，学术信息存储载体包括电脑硬盘、优盘、移动硬盘等，随着互联网信息技术的发展，出现了一些免费的网络云存储空间。通过本研究的调研发现大多数的科研人员认识到了学术信息保存的重要性，随着信息存储成本的不断下降使用移动硬盘保存个人学术信息也更便捷。互联网的广泛应用和移动终端设备的普及为学术科研带来便捷的同时，也带来了学术信息的存储、迁移和管理等问题。云计算的出现为此提供了新的解决思路和技术支撑，个人云存储使得用户在任何时间、地点都可以通过手机、Pad、PC 等终端设备来访问和共享文档、图片和其他资源，便于科研人员实现分散在不同设备中学术信息同步、整合、备份和共享。受访的部分科研人员表示虽然云盘类存储工具空间很大并且免费，但是认为其安全性和稳定性仍然存在问题，由于软件服务商缺乏道德和法律的约束，一旦出现学术信息丢失和泄露将造成不可挽回的损失。

P：我很少用云盘类的（工具），除非手上没有 U 盘的时候用 QQ 中转站保存，类似于云的一种，我觉得会泄露人的隐私，不太安全。包括手机有云备份我都会关掉，我比较相信自己。它的安全性不是特别有保障啊，万一丢了呢，你也没有一种问责制度，因为它本身就是一种免费的，还不如用我的移动硬盘保存方便点，而且前提是它要有网络。

P：现在用的是百度云，主要是它容量大又便宜，之前用的有道云笔记比印象笔记好用，可以随时编辑，但它内存比较小、格式有限。我对这些云都理解为空中数据线，我不想因为这个下那么多客户端放在 Pad 和电脑里。如果笔记本丢了，可以在云上找到，因为云的容量很大，对我来说就是比较安全，因为也不特别重要的隐私。有的人觉得可以从中分析出用户行为啊，他觉得很重要，对我来说泄露也没什么要紧的。

（3）学术信息搜索工具，在学术信息再现方面，受访者大都表示信息再现的结果和信息组织的良好程度是密切相关的，从受访者信息再现结果可以看出主题明晰分类完善的科研人员往往能很快定位查找到所需信息。但是由于个人记忆是存在局限的，科研人员也会忘记学术信息存放位置，大部分受访者表示会通过情景回忆对相关的文件夹进行查找，部分受访者表示会使用诸如硬盘搜索之类的桌面搜索工具，但是由于对信息具体的名字和关键词记忆不是很清晰，采用工具实现信息再现不知从何下手，而且工具的搜索结果并不是完全智能的，搜索结果显示过多也会带来认知筛选的负担。

P：我就是用 Zotero 分类和查找信息，你可以对信息做标记和评论，也可以采用标签管理，最后输入标签关键词查找。

P：我用了一个比较小的软件（search everything），它体积小也不会占太多的内存，搜索结果界面简洁，而且搜出的结果比较全，我根据后面的路径就可以找到我要的结果，如果电脑内有相同名字的重复信息，我顺便就删除了。

　　P：以前有用过搜索，但是没搜到，对搜索结果进行筛选也挺费神的，还不如我手动去找。因为搜索需要精确地搜索词，我有时候会忘了建立文件夹名字，你要查找的东西肯定是很久前的东西，所以我就自己去文件夹里面找。

　　P：我觉得桌面搜索类的软件很好用，桌面文件的多少代表了我最近的工作的强度，我会将最近待办的文件先暂时放在桌面，所以桌面的文件有时候会很多很乱，最近我在使用 360 桌面搜索工具，它不仅可以对我电脑内的文件进行查找，还可以对桌面文件进行简单的整理。

9.3　个人学术信息管理工具设计思路

　　本研究选取了现阶段科研人员较为常用的八种学术信息管理工具，鉴于这些工具的基本功能已经有较为详细的使用说明书，在此不再赘述，仅按照本研究对科研人员需求调查分析对这八种工具的功能进行比较分析（见表 9 - 1）。

表 9 - 1　常用学术信息管理工具功能比较分析

功能名称	Noteexpress	Endnote	Notefirst	E - Study	有道云笔记	OneNote	EverNote	百度云
页面清晰	Y	Y	Y	Y	Y	Y	Y	Y
版本免费	N	N	P	Y	P	P	P	P
保存多种类型信息（文档、图片、网页等）	N	N	Y	N	Y	Y	Y	Y
碎片化信息管理	N	N	Y	N	Y	Y	Y	Y

功能名称	Noteexpress	Endnote	Notefirst	E-Study	有道云笔记	OneNote	EverNote	百度云
个性化 信息推送	N	N	Y	N	Y	N	N	Y
组织方式 （文件夹、标 签等）灵活	Y	Y	Y	Y	Y	Y	Y	Y
多终端 同步共享	P	P	N	Y	Y	Y	Y	Y
半自动化、 自动化信息 归档整理	P	P	P	P	P	P	P	P
关键词信息 查询与筛选 （支持全文 内容检索）	P	P	Y	Y	Y	Y	Y	Y
团队科研协 作、信息共享	N	N	Y	N	Y	Y	Y	Y

注："Y"代表具有该项对应的功能，"N"代表没有该项对应的功能，"P"代表部分支持该项对应的功能。

通过表9-1中功能的比较分析可以看出，这些工具在使用过程中各有所长，都存在一定的缺陷，如何基于目前网络化、数字化科研的特点并充分考虑到科研用户的行为习惯，从而实现对上述功能进行有效的集成与整合，从而真正成为科研人员个性化学术信息管理助手就显得尤为重要。本研究的调查结果表明，科研人员大都认识到了个人学术信息管理的重要性，科研人员对个人学术信息进行管理的态度是影响其学术信息序化管理倾向的重要因素。而且网络信息环境所提供的便利性条件如学术信息管理工具等也对科研人员的个人学术信息管理行为起到帮助性作用。按照信息技术发展的辅人律和拟人律的基本规律①，信息管理工具的设计也要适应用户个体的信息需求的特点，而且要实现辅助用户有效管理信息。为了更好

---

① 谢阳群等：《微观信息管理》，安徽大学出版社，2004，第285页。

地帮助科研人员利用个人学术信息管理工具管理和再现信息，个人学术信息管理工具的设计就需要更进一步地满足科研人员的内在需求，这对于后续的工具设计开发和推广具有一定的指导意义。根据对本研究定性和定量的调查结果的进一步分析，得出如下工具功能设计思路启示。

（1）设计简单，用户界面简洁友好（Keep It Simple and Stupid）。KISS原则是目前设计上最为推崇的原则，在个人学术信息管理工具的设计当中也应当注重简约的原则，易用性是访谈中受访者对学术信息管理工具的主要需求之一。尼尔森（Jakob Nielsen）指出可用性是用来评估用户界面的易用性的一种质量属性，分为五个维度：易学性（用户初次使用设计完成任务的难易程度）、效率（用户在熟悉设计后完成任务的速度）、记忆性（在一段时间没有使用之后再次使用该设计，用户重新熟练操作的难易程度）、错误（用户出现错误的次数、严重性和错误中恢复是否容易）、用户使用此设计的满意度，他还指出设计的实用性，即如何迎合用户的需要也很重要①。科研人员使用工具管理学术信息的原因之一就是希望节省时间和精力，工具设计要从用户角度出发，工具的使用操作要简单，界面要直观，符合最小努力法则的要求。

（2）支持学术信息多种组织结构。学术信息保存的目的是在需要的时候能迅速、准确地查找到相关内容，科研人员通过对存储的学术信息进行分类组织，使存储的学术信息真正对个人科研创新产生价值，并提高整体的科研工作效率。本研究通过调查发现目前科研人员学术信息组织主要是按照文件夹信息内容主题的方式进行，这种文件夹层次结构符合用户多年的使用习惯，受访者表示文件夹层次之间的逻辑关系便于其在需要时查找到准确的信息。但是随着科研人员学术信息量的不断增加，文件夹组织结构也逐渐显现出弊

---

① Nielsen J., "Usability 101: Introduction to usability," Accessed January 20, 2015, http://www.nngroup.com/articles/usability-101-introduction-to-usability/.

端。由于科研人员的信息环境和学术科研任务都处在不断地变化之中，这就要求信息的分类组织方式更为灵活，文件夹组织结构过于固定和单一很难满足其需求。而且随着文件夹逐级构建而导致层次过深不利于后续的使用查找，个人对信息的分类是一个复杂的认知活动，个体认知导致的文件夹分类主题相近会造成信息大量重复。因此工具的设计应该考虑到学术信息的多种组织结构，融入文件夹层次结构、标签云结构、时间线性结构、信息语义网络结构等多种组织方式。

（3）弥补个人记忆和认知的局限性。本研究的研究结果表明科研人员的个人记忆存在局限性，他们不擅长记忆学术信息的细节，容易遗忘信息名字或关键字、遗忘信息的存储位置和遗忘对信息所进行的修改，但是他们却能通过关联性情境回忆对信息进行查找。大部分受访者都表示不习惯使用工具查找所需信息的原因一是无法回忆信息细节（如名称、关键词）构建检索式，二是工具查找结果需要进一步筛选，造成一定程度上认知负担。在个人学术信息管理工具的设计上考虑到个体对信息特征的记忆，改进搜索查询功能，加入情境化信息内容回忆查找功能，给予用户更大的空间满足其查找需求。

（4）解决学术信息分散和多终端设备间信息的同步共享。随着互联网的出现和普及、信息技术的不断发展以及移动终端设备的丰富，科研人员如何实现分散在不同终端设备中学术信息的传输、同步和共享非常重要。科研人员的研究过程是一个发散性的发现问题——解决问题的循环往复的过程，研究过程中积累和偶遇的信息数据需要随时随地保存。学术信息的分散存储增加了管理的复杂性，当信息内容发生改变时如何实现不同终端设备之间信息的更新合并也十分重要。因此在个人学术信息管理工具设计时需要考虑学术信息的同步共享问题，工具的应用环境应该不局限于电脑操作平台，还应同时存在手机等移动设备版本，通过账户密码登录真正实现多终端学术信息的查看和更新。

（5）学术信息安全的重要性。大容量数据存储时代允许人们查看和管理来自任何设备和位置的数据，在数据信息的查看时要注意隐私权保护，不同类型的信息具有不同层次的安全需要。本研究发现受访者都认识到了学术信息安全的重要性，学术信息的安全是要保证个人创作成果（如学术论文思路、底稿）不会因为软件、硬件或者个人原因导致损坏或丢失。受访者表示学术信息及时有效的备份管理可以很好地保证信息安全，学术信息的备份管理主要是分为两种，一种是保存在本地、完全受个人控制的移动硬盘类工具，一种是保存在网络上的云盘类存储工具。网络版的工具在给科研人员带来便捷的同时也存在一定的问题，部分受访者表示对于网络版的工具不信任，认为数据信息上传后服务的稳定性，信息安全和隐私等问题无法确保。因此在设计一款基于个人云的学术信息管理工具时应该考虑到科研人员的这一需求，保证用户的信息数据可以随时导出，这就避免了由于软件本身问题而导致的用户信息丢失。

（6）个性化设计，符合用户的个人习惯。个人学术信息管理工具的设计要充分考虑科研人员在学术信息保存、组织、整理和查找的习惯。工具的设计能跟踪保存科研人员信息管理习惯，用户能够选择符合个人需要的功能。

（7）信息组织一致性。随着科研人员学术信息量的不断增加就需要对学术信息进行分门别类地保存和组织，本研究的受访者都表示对学术信息进行有效合理的组织十分重要，组织的良好程度会影响到以后学术信息查找的效率。虽然大多数受访者都意识到了这一问题，但是他们不擅长对信息进行分类，且不太愿意花费大量的时间和精力对个人学术信息进行组织。随着学术科研的不断深入，他们拥有的信息集合越来越多，由于组织标准不一致也会带来信息重复保存等问题，影响了以后学术信息再现的效率。因此工具的设计要能实现半自动、自动化学术信息的归档与定期整理，实现学术信息组织标准化，从而节省管理时间和精力，进一步提升科研效率。

（8）学术信息多维揭示与表述。对于数字学术信息要从多个角度进行揭示和表述，在设计个人学术信息管理工具查找功能时，除了考虑关键词、标题等因素，还要从信息类型、信息创建时间等信息局部特征维度对学术信息进行描述和揭示。

（9）语义整合与推送。互联网的不断发展带来了信息爆炸和信息迷航等问题，个人学术信息管理工具应建立在知识网格和语义网基础上，具有知识性和智能性的功能。根据科研人员知识行为和搜寻信息记录预测用户的学术信息偏好和需求，过滤无用和相关度不大的信息，向科研人员准确地推送学术信息。同时要能支持信息再现与人工智能技术、自然语言技术相结合，从语义理解的角度分析用户的信息查询请求。

（10）支持团队科研协作。个人学术信息管理工具不仅要对科研人员拥有的学术信息进行有效的组织管理，还应加强科研团队成员之间的学术信息沟通、合作与分享，为团队科研协作提供资源共享和协同平台。

参考文献

中文文献

白光祖、吕俊生、吴新年：《科研个性化信息环境初探》，《情报科学》2009 年第 4 期。

包冬梅、戴维民：《个人科研信息空间相关研究综述》，《数字图书馆论坛》2012 年第 5 期。

包冬梅、范颖捷、邱君瑞：《"学术科研人员科研信息行为与需求"调查分析》，《数字图书馆论坛》2012 年第 5 期。

包冬梅：《数字环境下研究人员学术信息管理的困境与对策》，《图书馆》2014 年第 3 期。

保罗·C. 科兹比、斯科特·C. 贝茨：《心理与行为科学研究方法》，张彤译，机械工业出版社，2014。

曹霞、吴新年、马建玲：《科研用户标准信息需求及获取行为调查分析》，《图书与情报》2010 年第 4 期。

曾红岩：《数字化学术信息资源利用》，西南交通大学出版社，2011。

陈春：《科技图书馆面向科研用户的知识服务研究》，硕士学位论文，兰州大学，2010。

陈明炫等：《一种面向个人信息管理的 Post-WIMP 用户界面模型》，《软件学报》2011 年第 5 期。

陈明炫等：《Ruby：一个基于移动设备的个人信息管理系统》，《计算机辅助设计与图形学学报》2010 年第 9 期。

陈向明：《质的研究方法与社会科学研究》，教育科学出版社，2000。

陈晓萍、徐淑英、樊景立：《组织与管理研究的实证方法》，北京大学出版社，2008。

陈祖琴、葛继科、郑宏：《自我效能感与用户信息查寻行为》，《图
书情报工作》2007 年第 7 期。

邓昌智等：《以活动为中心的个人信息管理》，《软件学报》2008 年
第 6 期。

丁韧：《网络信息搜索行为影响因素研究：基于高校学生的实证》，
《图书情报工作》2012 年第 6 期。

董小英：《中国学术界用户对互联网信息的利用及其评价》，《图书
情报工作》2003 年第 1 期。

范逢春：《管理心理学》，四川大学出版社，2009。

甘立人、高依旻：《科技用户信息搜索行为特点研究》，《情报学报》
2005 年第 1 期。

甘利人、岑咏华、李恒：《基于三阶段过程的信息搜索影响因素分
析》，《图书情报工作》2007 年第 2 期。

甘利人、岑咏华：《科技用户信息搜索行为影响因素研究》，《情报
理论与实践》2007 年第 2 期。

高翔：《个人信息管理与记忆研究》，硕士学位论文，电子科技大
学，2007。

高丽、宋利敏：《基于电子期刊的网络特性实现对用户信息行为的定
性分析》，《图书馆学研究》2013 年第 22 期。

侯延香、王霞：《信息采集》，知识产权出版社，2012。

胡昌平、贺娜、张俊娜：《网络环境下高校科研人员信息查询行为的
调查与分析》，《情报理论与实践》2008 年第 2 期。

胡昌平：《信息服务管理》，科学出版社，2003。

胡象岭、田春凤、孙方尽：《中文版一般自我效能量表的信度和效度
检验》，《心理学探新》2014 年第 1 期。

胡幼慧主编《质性研究——理论、方法及本土女性研究实例》，巨流
图书公司印行，2005。

黄希庭：《简明心理学辞典》，安徽人民出版社，2004。

黄晓斌、梁颖殷：《从 ASIS & T 年会主题看情报学研究的热点及发展》，《情报理论与实践》2009 年第 1 期。

黄长著等：《中国图书情报网络化研究》，北京图书馆出版社，2002。

韩正彪、周鹏：《扎根理论质的研究方法在情报学研究中的应用》，《情报理论与实践》2011 年第 5 期。

贾旭东、谭新辉：《经典扎根理论及其精神对中国管理研究的现实价值》，《管理学报》2010 年第 5 期。

江林：《消费者心理与行为（第四版）》，中国人民大学出版社，2011。

姜晓曦：《学术信息素养在信息类型与获取方式方面的变化分析》，《情报杂志》2011 年第 9 期。

柯平、高洁：《信息管理概论》，科学出版社，2007。

克鲁捷茨基：《心理学》，赵璧如译，人民教育出版社，1984。

赖茂生、王琳、李宇宁：《情报学前沿领域的调查与分析》，《图书情报工作》2008 年第 3 期。

赖茂生：《把握前沿，规划远景，扎实推进学科建设》，《图书情报工作》2008 年第 3 期。

赖茂生等：《情报学前沿领域的确定与讨论》，《图书情报工作》2008 年第 3 期。

李枫林、周莎莎：《虚拟社区信息分享行为研究》，《图书情报工作》2011 年第 20 期。

李逢庆、李来胜：《研究型大学教师学术信息行为调查与分析》，《现代教育技术》2012 年第 4 期。

李桂芳、公惠玲、赵琼等：《基于用户信息需求和信息行为的医学院校药学信息资源建设研究》，《医学信息学杂志》2012 年第 12 期。

李桂华：《信息服务设计与管理》，北京交通大学出版社、清华大学出版社，2009。

李建明：《社会心理学》，人民卫生出版社，2007。

李奕：《数字化时代的个人知识管理》，吉林人民出版社，2006。

李晶:《个人信息管理工具使用意愿研究——以桌面搜索工具为例》,《图书情报工作》2011 年第 24 期。

李伟:《组织行为学》,武汉大学出版社,2012。

李文博:《集群情景下大学衍生企业创业行为的关键影响因素——基于扎根理论的探索性研究》,《科学学研究》2013 年第 1 期。

李文文、成颖:《科研人员信息行为分析及其对图书馆个性化科研服务的启示》,《情报科学》2017 年第 1 期。

李晓东、刘素清、肖珑:《高校研究人员学术信息资源利用及信息查寻行为的调查与分析——以北京大学图书馆用户调查为例》,《数字图书馆论坛》2009 年第 1 期。

李志刚、李兴旺:《蒙牛公司快速成长模式及其影响因素研究——扎根理论研究方法的运用》,《管理科学》2006 年第 3 期。

李志刚:《中小水产品加工企业成长研究——基于扎根理论方法的分析》,经济管理出版社,2012。

WURMAN:《信息饥渴——信息选取、表达与透析》,李银胜等译,电子工业出版社,2001。

凌婉阳:《大数据与数据密集型科研范式下的科研人员数据素养研究》,《图书馆》2018 年第 1 期。

凌文辁、方俐洛:《心理与行为测量》,机械工业出版社,2003。

刘冰:《移动商务消费者采纳的影响因素及实证研究》,硕士学位论文,北京邮电大学,2010。

刘潮:《行为科学理论与实践研究》,冶金工业出版社,1998。

刘军:《管理研究方法:原理与应用》,中国人民大学出版社,2008。

刘永芳:《管理心理学》,清华大学出版社,2008。

刘永芳:《归因理论及其应用》,上海教育出版社,2010。

卢崴诩:《质的研究法与社会科学哲学——以社会学中的民族志为例》,《思想战线》2013 年第 2 期。

卢毅刚主编《舆论学教程》,郑州大学出版社,2012。

路莹、黄文、苏叶:《数字环境下的医学科研信息行为》,《中华医学图书情报杂志》2013 年第 10 期。

吕力：《管理学案例研究方法》，经济管理出版社，2013。

马费成等：《信息管理学基础》，武汉大学出版社，2002。

孟凡静：《基于社会网络的图书馆学术研究平台构建》，《图书馆学研究》2012 年第 11 期。

苗春生：《信息管理基础》，中国矿业大学出版社，2004。

莫秀婷、邓朝华：《基于社交网站采纳健康信息行为特点及其影响因素的实证研究》，《现代情报》2014 年第 12 期。

牟秉华主编《中国社会经济统计百科全书》，湖北教育出版社，1994。

彭骏：《中美医学研究者科研信息行为的比较研究》，《图书情报知识》2012 年第 5 期。

齐俊景：《e-Science 环境下青年科研人员科研信息素养现状调查与分析》，《图书情报研究》2016 年第 1 期。

乔欢：《信息行为学》，北京师范大学出版社，2010。

邱皓政、林碧芳：《结构方程模型的原理与应用》，中国轻工业出版社，2009。

瞿海源等：《社会及行为科学研究法（二）》，社会科学文献出版社，2013。

沙勇忠、阎劲、苏云：《网络环境下科研人员的信息行为分析》，《情报科学》2004 年第 4 期。

上海市哲学社会科学规划办公室、上海社会科学院信息研究所编《国外社会科学前沿》2011 年第 15 辑，上海人民出版社，2012。

宋剑祥：《图书馆核心价值及其实现策略》，中国书籍出版社，2012。

盛旭东、侯伦、李良强：《习惯对盗版软件使用的影响研究》，《管理学家（学术版）》2010 年第 9 期。

苏东水：《现代西方行为科学》，山东人民出版社，1986。

孙时进：《社会心理学导论》，复旦大学出版社，2011。

孙岩、武春友：《环境行为理论研究评述》，《科研管理》2007 年第

3 期。

孙晓娥：《扎根理论在深度访谈研究中的实例探析》，《西安交通大学学报》（社会科学版）2011 年第 6 期。

孙玉伟：《用户信息行为研究的理论基础探源（上）》，《图书馆杂志》2011 年第 10 期。

唐先富、陈淑娟：《个人信息管理工具的发展研究》，《现代情报》2013 年第 8 期。

谈大军、任淑宁、张新兴：《信息查寻行为中的自我效能研究综述》，《情报理论与实践》2013 年第 5 期。

田立忠、俞碧飏：《科研人员信息偶遇的影响因素研究》，《情报科学》2013 年第 4 期。

王巧玲编，Research Information Network 著《英国研究人员检索行为调查（总结性摘要)》，《图书情报工作动态》2007 年第 12 期。

王建明：《公众低碳消费行为影响机制和干预路径整合模型》，中国社会科学出版社，2012。

王军、李鑫：《自我效能对网评信息查寻行为的影响研究》，《图书情报工作》2014 年第 14 期。

王伟、王沙骋：《基于扎根理论的科研人员信息查寻行为影响因素研究》，《情报理论与实践》2013 年第 12 期。

王锡苓：《质的研究如何建构理论？扎根理论及其对传播研究的启示》，《兰州大学学报》（社会科学版）2004 年第 3 期。

王莹莉：《基于微博的网络社区用户学术信息交互行为研究》，硕士学位论文，西南大学，2013。

王赟芝、谢笑、谢阳群：《个人信息管理活动中的信息再现问题探究》，《图书馆》2016 年第 8 期。

王赟芝：《基于个人信息管理的信息备份研究》，《内蒙古科技与经济》2016 年第 10 期。

王振宏：《学习动机的认知理论与应用》，中国社会科学出版社，2009。

王知津、韩正彪：《信息行为集成化研究框架初探》，《中国图书馆学报》2012 年第 1 期。

王知津、肖蔷:《基于民族志方法的个人信息管理行为研究》,《情报理论与实践》2009 年第 1 期。

王文韬、谢阳群、乐露露:《面向 PIM 的个人数字图书馆研究》,《情报杂志》2012 年第 1 期。

王文韬、谢阳群:《面向个人信息管理的一体化个人数字图书馆软件功能扩展研究》,《图书馆论坛》2012 年第 3 期。

王文韬、谢阳群、谢笑:《面向整合的国外个人信息管理原型研究》,《情报杂志》2012 年第 11 期。

王文韬、谢阳群、占南:《基于信息可视化角度的国外个人信息管理工具原型研究》,《图书馆学研究》2013 年第 2 期。

罗伯特·F. 德威利斯:《量表编制——理论与应用》,魏勇刚、龙长权、宋武译,重庆大学出版社,2004。

吴明隆:《问卷统计分析实务:SPSS 操作与应用》,重庆大学出版社,2010。

〔英〕维克托·迈尔 – 舍恩伯格、肯尼思·库克耶:《大数据时代:生活、工作与思维的大变革》,盛杨燕、周涛译,浙江人民出版社,2013。

吴慰慈:《中国高校哲学社会科学发展报告 1978—2008 图书馆学、情报学与文献学》,广西师范大学出版社,2008。

吴跃伟:《网络环境下科研用户信息利用障碍分析》,《现代情报》2007 年第 3 期。

夏立新:《基于 WWW 的学术信息检索策略》,华中师范大学出版社,2004,第 28 页。

夏立新:《学术信息需求表达的障碍及对策》,《图书情报知识》2003 年第 6 期。

谢阳群等:《微观信息管理》,安徽大学出版社,2004。

谢海波:《科研人员信息素养探讨》,《陕西教育》2009 年第 11 期。

谢笑、李晶、戴旸:《个人信息管理工具使用意愿研究——以智能手机为例》，《情报资料工作》2013 年第 2 期。

谢笑、谢阳群、李晶：《关于个人信息管理的若干探讨》，《情报科学》2014 年第 1 期。

谢笑：《个人信息管理实践研究——个人信息的保存与组织》，《图书馆学研究》2017 年第 1 期。

谢笑、占南：《个人信息检索工具的应用现状与优化策略》，《情报科学》2012 年第 11 期。

谢阳群：《关于信息管理》，《图书情报工作》2011 年第 4 期。

熊太纯、郭楠：《网络环境下科研用户的信息行为与服务模式》，《图书馆学刊》2006 年第 1 期。

Strauss A.，Corbin J.：《质性研究概论》，徐宗国译，巨流图书公司印行，2004。

许运超：《办公软件社会化分享设计研究》，硕士学位论文，湖南大学，2013。

徐国伟：《低碳消费行为研究综述》，《北京师范大学学报》（社会科学版）2010 年第 5 期。

薛振田、刘启辉、董振娟：《管理心理学原理与应用》，中国海洋大学出版社，2005。

颜端武：《信息获取与用户服务》，科学出版社，2010。

杨文欣等：《基于文献的情报学前沿领域调查分析》，《图书情报工作》2008 年第 3 期。

叶浩生：《心理学通史》，北京师范大学出版社，2006。

英国图书馆 JISC：《未来研究人员的信息行为》，王秀华、王丽贤编译，《图书情报工作动态》2008 年第 1 期。

于丹等：《理性行为理论及其拓展研究的现状与展望》，《心理科学进展》2008 年第 5 期。

詹妮弗·埃文斯：《心理学研究讲义》，苏彦捷等译，重庆大学出版社，2010。

占南、谢笑、谢阳群：《个人信息空间管理研究初探》，《情报科学》

2011 年第 8 期。

占南：《大学生个人信息管理研究》，硕士学位论文，安徽大学，2012。

占南、谢笑、王文韬：《基于 ACSI 模型的个人云存储服务质量评价模型研究》，《情报杂志》2014 年第 6 期。

占南：《基于扎根理论的个人信息管理行为研究》，《图书馆学研究》2016 年第 15 期。

张敬伟、马东俊：《扎根理论研究法与管理学研究》，《现代管理科学》2009 年第 2 期。

张静、黄文龙：《基于问卷调查分析的药学科研人员文献信息资源需求与行为特征》，《图书情报工作》增刊 2010 年第 1 期。

张静波：《大数据时代的数据素养教育》，《科学》2013 年第 4 期。

张鼐、周年喜、唐亚欧：《基于人际行为模型理论的知识社区共享行为研究》，《情报科学》2014 年第 5 期。

张鹏翼、刘畅：《移动智能设备个人信息管理——以在校大学生和研究生为例》，《情报杂志》2015 年第 34 期。

张晓林：《超越图书馆：寻求变革方向——第 77 届国际图联大会观感》，《图书情报工作》2011 年第 21 期。

张晓林：《科研环境对信息服务的挑战》，《中国信息导报》2003 年第 9 期。

张耀坤、胡方丹、刘继云：《科研人员在线社交网络使用行为研究综述》，《图书情报工作》2016 年第 3 期。

张耀坤、张维嘉、胡方丹：《中国高影响力学者对学术社交网站的使用行为调查——以教育部长江学者为例》，《情报资料工作》2017 年第 3 期。

赵越岷、李梦俊、陈华平：《虚拟社区中消费者信息共享行为影响因素的实证研究》，《管理学报》2010 年第 10 期。

周颖：《心理实验室——走近实验心理学》，北京大学出版社，2007。

庄善洁、朱翀、迟秀丽：《泛在知识环境下的大学生信息素养教育》，知识产权出版社，2012。

赵亮:《影响消费者在线购买行为因素的实证研究》, 硕士学位论文, 黑龙江大学, 2011。

英文文献

Ajzen I. , "The theory of planned behavior," *Organizational Behavior and Human Decision Processes* 50 (1991).

Agarawala A. and Balakrishnan R. , "Keepin'it real: Pushing the desktop metaphor with physics, piles and the pen" (paper repersented at the proceedings of the SIGCHI conference on Human Factors in computing systems, Montreal, Canada, April 2006).

Al-Suqri M. N. , "Information-seeking behavior of social science scholars in developing countries: A proposed model," *The International Information & Library Review* 43 (2011).

Bamberg S. and Schmidt P. , "Incentives, morality, or habit?: Predicting students' car use for university routes with the models of Ajzen, Schwartz, and Triandis," *Environment & Behavior* 35 (2003).

Barreau D. and Nardi B. A. , "Finding and reminding: File organization from the desktop," *ACM SigChi Bulletin* 27 (1995).

Barreau D. K. , "Context as a factor in personal information management systems," *Journal of the American Society for Information Science* 46 (1995).

Belkin N. , "Searching, finding, filtering and auto-Classification," Accessed December 16, 2017, http://pim. ischool. washington. edu/ Searching Finding Breakout Group-Report. pdf.

Benn Y. et al. , "Navigating through digital folders uses the same brain structures as real world navigation," *Scientific Reports* 5 (2015) .

Bergeron F. O. et al. , "Determinants of EIS use: Testing a behavioral model," *Decision Support Systems* 14 (1995).

Bergman O. et al. , "Folder versus tag preference in personal information management," *Journal of the American Society for Information Science and Technology* 64 (2013).

Bergman O. et al. , "Improved search engines and navigation preference in personal information management," *ACM Transactions on Information Systems* 26 (2008).

Bergman O. et al. , "You never call: Demoting unused contacts on mobile phones using DMTR," *Personal and Ubiquitous Computing* 16 (2012).

Bergman O. , Beyth-Marom R. and Nachmias R. , "The user-subjective approach to personal information management systems design: Evidence and implementations," *Journal of the American Society for Information Science and Technology* 59 (2008).

Bergman O. , "Variables for personal information management research," *Aslib Proceedings* 65 (2013).

"Big 6 skills overview," Accessed September 20, 2014, http://big6. com/pages/about/big6 – skills-overview. php.

Boardman R. and Sasse M. A. , "Stuff goes into the computer and doesn't come out: A cross-tool study of personal information management" (paper represented at the Proceedings of the SIGCHI conference on Human factors in computing systems, Vienna, Austria, 2004).

Boardman R. P. , "Improving tool support for personal information management" (Ph. D. diss. , University of London, 2004).

Bowman K. , "Personal information management for nurses returning to school," *The Journal of Continuing Education in Nursing* 46 (2015).

Bruce H. , "Personal anticipated information need," *Information Research* 10 (2005).

Bruce H. , Jones W. and Dumais S. , "Information behaviour that keeps found things found," *Information Research* 10 (2014).

Bush V. , "As we may think," *The Atlantic Monthly* 176 (1945).

Carrino F. et al. , "Memoria-Mea: Combining semantic technologies and interactive visualization techniques for personal information management" (paper represented at the Proceedings of the Atlantic Web Intelligence Conference, Fribourg, Switzerland, January 2011).

Chan R. Y. K, "Determinants of Chinese consumers green purchase behavior," *Psychology and Marketing* 18 (2001).

Chang P. V., "The validity of an extended technology acceptance model (TAM) for predicting intranet/portal usage" (master's thesis, University of North Carolina, 2004).

Chang M. K., Cheung W. and Lai V. S., "Literature derived reference models for the adoption of online shopping," *Information & Management* 42 (2005).

Chang M. K., "Determinants of the intention to use Internet/WWW at work: A confirmatory study," *Information & Management* 39 (2001).

Charng H., Piliavin J. A. and Callero P. L., "Role identity and reasoned action in the prediction of repeated behavior," *Social Psychology Quarterly* 51 (1988).

Chaudhry A. S. and Al-Sughair L., "Personal information management practices in the Kuwaiti corporate sector," *Malaysian Journal of Library & Information Science* 20 (2015).

Chen C. H. et al., "A web-based tagging tool for organizing personal documents on PCs," Accessed December 16, 2013, http:// works. bepress. com/cgi/viewcontent. cgi? article = 1017&context = lucemia.

Chen C. and Hung S., "To give or to receive? Factors influencing members' knowledge sharing and community promotion in professional virtual communities," *Information & Management* 47 (2010).

Cheung W., Chang M. K. and Lai V. S., "Prediction of internet and world wide web usage at work: A test of an extended triandis model," *Decision Support Systems* 30 (2000).

Cheyer A. , Park J. and Giuli R. , "IRIS: Integrate, relate, infer, share," Accessed December 16, 2013, http://oai. dtic. mil/oai/oai? verb = getRecord&metadataPrefix = html&identifier = ADA454793.

Churchill G. A. , "A paradigm for developing better measures of marketing constructs," *Journal of Marketing Research* 16 (1979).

Civan A. et al. , "Better to organize personal information by folders or by tags?: The devil is in the details," *Proceedings of the American Society for Information Science and Technology* 45 (2008).

Compeau D. R. and Higgins C. A. , "Computer self-efficacy: Development of a measure and initial test," *MIS Quarterly* 19 (1995).

Connaway L. S. and Dickey T. J. , "The digital information seeker report of findings from selected OCLC, RIN and JISC user behaviour projects," Accessed April 10, 2014, http://www. jisc. ac. uk/publications/reports/2010/digitalinformationseekers. aspx#downloads.

Copic Pucihar K. et al. , "An empirical study of long-term personal project information management," *Aslib Journal of Information Management* 68 (2016).

Collins A. and Kay J. , "Collaborative personal information management with shared, interactive tabletops," Accessed December 16, 2016, http://sydney. edu. au/engineering/it/ ~ judy/Homec/Pubs/2008 _ CHI_ PIM_ Collins. pdf.

Davis F. D. , Bagozzi R. P. and Warshaw P. R. , "User acceptance of computer technology: A comparison of twotheoretical models," *Management Science* 35 (1989).

Diekema A. R. and Olsen M. W. , "Teacher personal information management (PIM) practices: Finding, keeping, and Re-Finding information," *Journal of the Association for Information Science and Technology* 65 (2014).

Dong X. L. , Halevy A. , "A platform for personal information management and integration"（paper repersented at the proceedings of VLDB, Trondheim, Norway, September 2005）.

Dumais S. et al. , "Stuff I've seen: A system for personal information retrieval and Re-Use," *ACM SIGIR Forum* 49（2016）.

éthier J. et al. , "B2C web site quality and emotions during online shopping episodes: An empirical study," *Information & Management* 43（2006）.

Ellis D. , Cox D. and Hall K. , "A comparison of the information seeking patterns of researchers in the physical and social sciences," *Journal of documentation* 49（1993）.

Elsweiler D. , Baillie M. and Ruthven I. , "What makes re-finding information difficult? a study of email re-finding"（paper represented at the European Conference on Advances in Information Retrieval, Dublin, Ireland, April 2011）.

Elsweiler D. , Ruthven I. and Jones C. , "Towards memory supporting personal information management tools," *Journal of the American Society for Information Science and Technology* 58（7）.

Erdelez S. , "Information encountering: A conceptual framework for accidental information discovery"（paper represented at the Proceedings of an international conference on Information seeking in context, Tampere, Finland, 1997）.

Erdelez S. , "Investigation of information encountering in the controlled research environment," *Information Processing & Management* 40（2004）.

Finneran C. M. , "Factors that influence users to keep and leave information items: A case study of college students personal information management behavior"（master's thesis, Syracuse University, 2010）.

Fisher D. et al. , "Revisiting Whittaker & Sidner's email overload ten years later"（paper represented at the Proceedings of the 2006 20th anniversary conference on computer supported cooperative work, Banff, Alberta, Canada, November 2006).

Fishbein M. and Ajzen I. , "Belief, attitude, intention and behaviour: An introduction to theory and research," *Philosophy & Rhetoric* 41 (1975).

Fitchett S. and Cockburn A. , "An empirical characterisation of file retrieval," *International Journal of Human-Computer Studies* 74 (2015).

Fourie I. , "Librarians alert: How can we exploit what is happening with personal information management (PIM), reference management and related issues?", *Library Hi Tech* 29 (2011).

Friedlander A. , "Dimensions and use of the scholarly information environment," Accessed April 10, 2014, http://msc. mellon. org/msc-files/Dimensions%20and%20Use%20of%20Scholarly%20Info. pdf.

Fuller M. , Kelly L. and Jones G. J. F. , "Applying contextual memory cues for retrieval from personal information archives," Accessed March 1, 2017, http://doras. dcu. ie/15913/1/Applying _ Contextual _ Memory_ Cues _ for _ Retrieval _ from _ Personal _ Information _ Archives. pdf.

Ge X. , "Information-seeking behavior in the digital age: A multidisciplinary study of academic researchers," *College & Research Libraries* 71 (2010).

Gemmell J. et al. , "My life bits: Fulfilling the memex vision" (paper repersented at the proceedings of the tenth ACM international conference on Multimedia, Juan les Pins, France, December 2002).

Gomes P. , Gama S. and Gonçalves D. , "Designing a personal information visualization tool" (paper repersented at the Proceedings of the 6th Nordic Conference on Human-Computer Interaction: Extending Boundaries, Reykjavik, Iceland, October 2010).

Gwizdka J. and Chignell M. , "Individual differences and task-based user interface evaluation: A case study of pending tasks in email," *Interacting with Computers*16 (2014).

Hastrup T., Cyganiak R. and Bojars U., "Browsing linked data with fenfire," Accessed December 16, 2013, http://aran. library. nuigalway. ie/xmlui/handle/10379/537? show = full.

Haglund L. and Olsson P., "The impact on university libraries of changes in information behavior among academic researchers: A multiple case study," *The Journal of Academic Librarianship* 34 (2008).

Haraty M., McGrenere J. and Tang C., "How personal task management differs across individuals," *International Journal of Human-Computer Studies* 88 (2015).

Hardof-Jaffe S. et al., "How do students organize personal information spaces?" *International Working Group on Educational Data Mining* 10 (2009).

Henderson S., "Personal document management strategies" (paper represented at the Proceedings of the 10th International Conference NZ Chapter of the ACM's Special Interest Group on Human-Computer Interaction. ACM, Boston, USA, 2009).

Home E. E., "Question generation and formulation: An indication of information need," *Journal of the American Society for Information Science* 34 (1983).

Hsu M. et al., "Knowledge sharing behavior in virtual communities: The relationship between trust, self-efficacy, and outcome expectations," *International Journal of Human-Computer Studies* 65 (2007).

Huang J. H., Lee B. C. Y. and Hsun Ho S., "Consumer attitude toward gray market goods," *International Marketing Review* 21 (2004).

Jacques J. and Fastrez P., "Personal information management competences: A case study of future college students" (paper represented at the International Conference on Human Interface and the Management of Information, Crete, Greece, June 2014).

Jones E. , Sundaram S. and Chin W. , "Factors leading to sales force automation use: A longitudinal analysis," *Journal of Personal Selling & Sales Management* 22 (2002).

Jones W. and Teevan J. , *Personal information management* (Seattle: University of Washington Press, 2007).

Jones W. et al. , "Don't take my folders away!: Organizing personal information to get things done" (paper represented at the CHI'05 extended abstracts on Human factors in computing systems, Portland, USA, 2005).

Jones W. , Bruce H. and Dumais S. , "How do people get back to information on the web? How can they do it better?", Accessed December 16, 2017, http://research. microsoft. com/en-us/um/people/sdumais/KFTF-Interact2003. pdf.

Jones W. , Dumais S. and Bruce H. , "Once found, what then? A study of 'keeping' behaviors in the personal use of Web information," *Proceedings of the American Society for Information Science and Technology* 39 (2005).

Jones W. , *Keeping Found Things Found—The Study and Practice of Personal Information Management* (Burlington: Morgan Kaufmann Publishers, 2007).

Jones W. et al. , "Writing new stories for the same old file system" (paper repersented at the NSF-Sponsored Invitational Workshop on Personal Information Management, Vancouver, British, 2009).

Joseph P. and Joseph P. , "Australian motor sport enthusiasts' leisure information behaviour," *Journal of Documentation* 72 (2016).

Kaptelinin V. , "UMEA: Translating interaction histories into project contexts" (paper repersented at the proceedings of the SIGCHI conference on Human factors in computing systems, Fort Lauderdale, Florida, April 5 – 10, 2003).

Klobas J. , "Adults learning to use the internet a longitudinal study of attitudes and other factors associated with intended internet use," *Library & Information Science Research* 22 (2000).

Khoo C. S. G. et al. , "How users organize electronic files on their workstations in the office environment: A preliminary study of personal information organization behaviour," *Information Research* 12 (2006).

Kidwell B. , "An examination of perceived behavioral control: Internal and external influences on intention," *Psychology & Marketing* 20 (2003).

Kroll S. , Forsman R. , "A slice of research life: Information support for research in the United States," Accessed April 10, 2014, http://www. oclc. org/research/publications/library/2010/2010 – 15. pdf.

Krishnana A. and Jones S. , "Time space: Activity-based temporal visualisation of personal information spaces," *Personal and Ubiquitous Computing* 9 (2005).

Kwasnik B. , "How a personal document's intended use or purpose affects its classification in an office," *Acm Sigir Forum* 23 (1989).

Lansdale M. W. , "The psychology of personal information management," *Applied Ergonomics* 19 (1998).

Leckie G. J. , Pettigrew K. E. and Sylvain C. , "Modeling the information seeking of professionals: A general model derived from research on engineers, health care professionals and lawyers," *The Library Quarterly* 1996.

Limayem M. , Khalifa M. and Chin W. W. , "Factors motivating software piracy: A longitudinal study," *IEEE Transactions on Engineering Management* 51 (2004).

Limayem M. and Hirt S. G. , "Force of habit and information systems usage: Theory and initial validation," *Journal of the Association for In-*

formation Systems 4 （2003）.

Limayem M. , Hirt S. G. and Cheung C. M. K. , "How habit limits the predictive power of intention: The case of information systems continuance," *MIS Quarterly* 31 （2007）.

Lim S. , "How and why do college students use Wikipedia?", *Journal of the American Society for Information Science and Technology* 60 （2009）.

Lin H. F. , "Effects of extrinsic and intrinsic motivation on employee knowledge sharing intentions," *Journal of Information Science* 33 （2007）.

Lin H. F. , "Predicting consumer intentions to shop online: An empirical test of competing theories," *Electronic Commerce Research and Applications* 6 （2008）.

Lindbladh E. , "Habit versus choice: The process of decision-making in health-related behavior," *Social Science & Medicine* 55 （2002）.

Liu C. and Zhu M. L. , "Design and implementation of personal information management system in internet" （paper repersented at the Proceedings of the 2013 International Conference on Information, Business and Education Technology, Beijing, China, March 2013）.

Liu Z. , Quan Y. and Lu L. , "Decentralized mobile SNS architecture and its personal information management mechanism," *China Communications* 13 （2016）.

Lorince J. , Joseph K. and Todd P. M. , "Analysis of music tagging and listening patterns: Do tags really function as retrieval aids?" （paper represented at the Social Computing, Behavioral-Cultural Modeling and Prediction Conference, Washington, D. C, USA, March 2015）.

Mackay W. E. , "More than just a communication system: Diversity in the use of electronic mail" （paper represented at the Proceedings of the 1988 ACM conference on Computer-supported cooperative work, Atlanta, Georgia, 1988）.

Malone T. W. , "How do people organize their desks?: Implications for the design of office information systems," *ACM Transactions on Information Systems (TOIS)* 1 (1983).

Marshall, Catherine C. , and Jones W. , "Keeping encountered information," *Communications of the ACM* 49 (2006).

Mashael A. L. O. and Cox A. M. , "Scholars' research-related personal information collections," *Aslib Journal of Information Management* 68 (2016).

Meho L. I. and Tibbo H. R. , "Modeling the information-seeking behavior of social scientists: Ellis's study revisited," *Journal of the American society for Information Science and Technology* 54 (2003).

Mizrachi D. and Bates M. J. , "Undergraduates' personal academic information management and the consideration of time and task-urgency," *Journal of the American Society for Information Science and Technology* 64 (2013) .

Nahl D. , "Measuring the affective information environment of web searchers," *Proceedings of the American Society for Information Science and Technology* 41 (2005).

Newell A. and Simon H. , "The logic theory machine: A complex information processing system," *IRE Transactions on Information Theory* 2 (1956).

Nielsen J. , "Usability 101: Introduction to usability," Accessed January 20, 2015, http://www. nngroup. com/articles/usability – 101 – introduction-to-usability/.

Pandit N. R. , "The creation of theory: A recent application of the grounded theory method," *The Qualitative Report* 2 (1996).

Pee L. G. , Woon I. M. Y. and Kankanhalli A. , "Explaining non-work-related computing in the workplace: A comparison of alternative models," *Information & Management* 45 (2008).

Oren E. , "Semper Wiki: A semantic personal Wiki," Accessed December 16, 2013, http://m3pe. deri. ie/publications/semperwiki-sem-desk. pdf.

"Principle of least effort," Accessed September 20, 2014, http://en. wikipedia. org/wiki/Principle_ of_ least_ effort.

Quan D. , Huynh D. and Karger D. R. , "Haystack: A platform for authoring end user semantic web applications" (paper represented at the International Semantic Web Conference, Florida, USA, October 2003).

Riss U. V. , "TAPIR: Wiki-Based task and personal information management supporting subjective process management" (paper represented at the International Conference on Subject-Oriented Business Process Management, Vienna, Austria, April 2012).

Richter J. , Völkel M. and Haller H. , "DeepaMehta-A semantic desktop," Accessed December 16, 2013, http://www. aifb. kit. edu/images/c/c1/2005_ 1032_ Richter_ DeepaMehta_ -_ A_ 1. pdf.

Robinson J. , "Triandis' theory of interpersonal behaviour in understanding software piracy behaviour in the South African context," Accessed December 21, 2014, http://mobile. wiredspace. wits. ac. za/bitstream/handle/10539/8377/J_ Robinson _ MA _ Research. pdf? sequence = 2.

Saba A. and DiNatale R. , "Attitudes, intention and habit: Their role in predicting actual consumption of fats and oils," *Journal of Human Nutrition and Dietetics* 11 (1998).

Sheppard B. H. , Hartwick J. and Warshaw P. R. , "The theory of reasoned action: A meta-analysis of past research with recommendations for modifications and future research," *Journal of consumer research* 15 (1988).

Spink A. , Park M. and Cole C. , "Multitasking and coordinating framework for human information behavior ," In Spink A. , Cole C. eds. , *New Directions in Human Information Behavior* (Dordrecht: Springer, 2006).

Stefanis V. et al. , "Frequency and recency context for the management and retrieval of personal information on mobile devices," *Pervasive and Mobile Computing* 15 (2014).

Steketee G. , Frost R. O. and Kyrios M. , "Cognitive aspects of compulsive hoarding," *Cognitive Therapy and Research* 27 (2003).

Stewart K. N. and Basic J. , "Information encountering and management in information literacy instruction of undergraduate students," *International Journal of Information Management* 34 (2014).

Taylor R. S. , "Information use environments," *Progress in Communication Science* 10 (1991).

"The high cost of not finding information," Accessed September 20, 2014, http://www. kmworld. com/Articles/Editorial/Features/The-high-cost-of-not-finding-information – 9534. aspx.

"Theory of reasoned action," Accessed September 20, 2014, http:// en. wikipedia. org/wiki/Theory_ of_ reasoned_ action.

Thompson R. L. , Higgins C. A. and Howell J. M. , "Personal computing: Toward a conceptual model of utilization," *MIS Quarterly* 15 (1991).

Thompson R. L. , Higgins C. A. and Howell J. M. , "Influence of experience on personal computer utilization: Testing a conceptual model," *Journal of Management Information Systems* 11 (1994).

"Triandis' theory of interpersonal behaviour," Accessed September 20, 2014, http://www. cres. gr/behave/pdf/Triandis_ theory. pdf.

Tsai M. , "Information searching strategies in web-based science learning: The role of internet self-efficacy," *Innovations in Education and Teaching International* 40 (2003).

Tsai C. F. et al. , "Local content: A personal scientific document retrieval system," *Electronic Library* 33 （2015）.

Verplanken B. , Knippenberg V. A. and Aarts H. , "Predicting behavior from actions in the past: Repeated decision making or a matter of habit?", *Journal of Applied Social Psychology* 28 （1998）.

Verplanken B. , Knippenberg V. A. and Aarts H. , "Habit, information acquisition, and the process of making travel mode choices," *European Journal of Social Psychology* 27 （1997）.

Venkatesh V. and Davis F. D. , "A model of the antecedents of perceived ease of use: Development and test," *Decision Sciences* 27 （1996）.

Voit K. , Andrews K. and Slany W. , "Tagging might not be slower than filing in folders" （paper represented at the CHI'12 Extended Abstracts on Human Factors in Computing Systems, Austin, TEXAS, 2012）.

Voorbij H. J. , "Searching scientific information on the internet: A dutch academic user survey," *Journal of the Ameriean Society for Information Science* 50 （1999）.

Warren P. , "Personal information management: The case for an evolutionary approach," *Interacting with Computers* 7 （2013）.

Whitham R. and Cruickshank L. , "The function and future of the folder," *Interacting with Computers* 29 （2017）.

Whittaker S. and Sidner C. , "Email overload: Exploring personal information management of email" （paper represented at the proceedings of the SIGCHI conference on human factors in computing systems, Vancouver, BC, Canada, 1996）.

Whittaker S. and Hirschberg J. , "The character, value and management of personal paper archives," *ACM Transactions on Computer-Human Interaction* 8 （2001）.

Wilson T. D. , "Human information behavior," *Informing Science* 3

（2000）.

Wilson T. D., "Models in information behaviour research," *Journal of Documentation* 55 （1999）.

Woon I. M. Y. and Pee L. G., "Behavioral factors affecting Internet abuse in the workplace-an empirical investigation," *SIGHCI* 2004 *Proceedings* 2004.

Wu J. H. and Wang S. C., "What drives mobile commerce?: An empirical evaluation of the revised technology acceptance model," *Information & Management* 42 （2005）.

Xie X., Sonnenwald D. H. and Fulton C., "The role of memory in document re-finding," *Library Hi Tech* 33 （2015）.

Yeo H. I. and Lee Y. L., "Exploring new potentials of blogs for learning: Can children use blogs for personal information management （PIM）?", *British Journal of Educational Technology* 45 （2014）.

Yamaguchi T. et al., "On a web browsing support system with 3d visualization" （paper repersented at the proceedings of the 13th international World Wide Web conference on alternate track papers & posters, New York, USA, May 2004）.

Zach L., "Using a multiple-case studies design to investigate the information-seeking behavior of arts administrators," *Library Trends* 55 （2006）.

Zhao X. et al., "Searching desktop files based on synonym relationship," *Journal of Chinese Computer Systems* 35 （2014）.

Zhou L., Mohammed A. S. and Zhang D., "Mobile personal information management agent: Supporting natural language interface and application integration," *Information Processing & Management* 48 （2012）.

Zhu Y. et al., "How does Internet information seeking help academic performance? -The moderating and mediating roles of academic self-efficacy," *Computers & Education* 57 （2011）.

附录1　科研人员个人学术信息
管理行为访谈大纲

　　由高校和研究院所为主的学术研究机构内人员产生、存储和传递的信息是学术信息，学术研究人员就是生成学术信息资源的源泉。学术研究机构中的重要部分是高等院校，高校师生在学习、科研活动中产生的信息集合可以被称为个人学术信息资源，本研究主要是调查高校研究生个人学术信息资源管理的现状及存在的问题。

一、个人背景知识调查

　　1. 您目前用于科研学习的电子设备有哪些？您使用电脑的经历有几年？您的个人电脑硬盘是如何分区管理的？电脑内文件是如何组织的？能否简单介绍下你的电脑桌面的情况？

　　2. 您认为个人学术信息资源都包括哪些类型和哪些内容？

　　3. 您觉得对您的学术信息资源进行管理重要吗？您目前信息的管理现状满意程度如何？

　　4. 您在学习、科研的过程中管理个人学术信息遇到过哪些问题？请举几个例子。

二、个人学术信息资源管理实践调查

（一）学术信息获取与保存

　　1. 每天都会遇到各种不同的信息，有的信息可能对以后的学习有用，您有保存信息以备日后学习使用的信息习惯吗？这些信息您是如何保存的？

　　2. 您对目前的这种文件存储树形结构（文件夹形式）满意吗？

3. 您主要是通过哪些渠道获取所需的学术信息？

4. 您是否会采用社会化媒体平台或工具（如邮件订阅、微博订阅、微信订阅等）主动定制获取学术信息？

（二）学术信息组织和管理

1. 针对不同类型的学术信息您采用的组织和分类方法相同吗？您一般采用何种方法进行组织？

2. 不同类型的信息您是否会采用一些工具进行统一管理？您都使用过哪些管理工具，请简要说下您的使用体会。

3. 您会对个人学术信息采取备份措施吗？对于备份信息多久会更新一次？如果您还没有备份，原因是什么？

4. 您是否会定期对个人学术信息进行更新整理，如剔除旧的、无用的信息，对于一些重复的信息进行删除和归并处理？

5. 随着所拥有的电子设备的增多，您是如何实现不同电子设备中信息传输、同步和共享的？

6. 您认为个人学术信息资源安全重要么？目前对哪些方面的个人学术信息进行安全管理，采取过哪些措施？

（三）学术信息再查找/再现

1. 如果需要查找曾经保存过的某一信息，您会采取什么途径定位和查找？

2. 一般情况下您的查找结果如何？在查找已保存的信息的过程中遇到过哪些困难？请举几个您切身经历的实例。

附录2 访谈资料开放式编码示例

范畴	概念	原始资料语句（初始概念）
B1 信息时空分布	A1 信息累积	"信息数量太多、分散不好管理，不好找；存储信息的设备有时候坏了信息就丢了；有时候文件不知道怎么就中毒了，打开就成乱码了。"
	A2 信息分散	
	A3 信息存储成本降低	
	A4 数字存储空间无限制	"遇到的问题是不知道什么东西该删，就是你不知道你未来什么时候可能会查阅它；还有盗版软件不能再用了，软件更新，工具更新带来的问题；有出现过设备问题情况，比如说有一次我的主板烧坏了，所有的信息都没有了，连硬盘的磁头都坏了，恢复不了，东西都没有了，只有部分数据进行了备份，还是丢失了部分有价值的信息。"
B2 信息载体	A5 信息设备质量	
	A6 信息设备丢失	
B3 个人记忆	A7 遗忘信息名字或关键词	
	A8 遗忘信息存储位置	"最严重就是信息丢失，硬盘坏了，不过已经导出了部分数据，还是丢失了一些。第二个就是信息遗忘、文献找不到，比如说很重要的文献你只有对它的印象，但是具体的文献名字和作者等一下子就想不起来了。第三有信息分散的情况，办公室电脑和笔记本电脑不大一样，平板电脑上也有数据，这个问题存在，但是云盘使得这种情况得到缓解。"
	A9 遗忘信息修改版本	
B4 信息价值	A10 信息预期有用性	
	A11 信息价值判断	
B5 信息囤积	A12 信息重复	"有一些信息我是不舍得删除的，比如我本科或者研究生阶段的一些东西，它们对我现在在科研已经几乎没有什么参考价值，但是这些东西我还会保存在一个地方，算是一种纪念吧。"
	A13 信息老化	
	A14 信息不忍删除	
B6 信息丢失	A15 信息误删不可恢复	"唯一我遇到过一次问题就是，我不小心误删了一个对我来说很重要的，再也找不回来的东西（信息）。"
	A16 信息设备损坏导致信息丢失	
	A17 信息中毒乱码丢失	"硬盘坏了，不过已经导出了，还是丢失了一些，所以为什么后来用云盘呢，因为关联数据之类的一旦丢失就无法恢复。"
	A18 信息设备中毒导致信息丢失	

范畴	概念	原始资料语句（初始概念）
B7 个人情感	A19 信息归属感	"我自己创建的文档、保存的信息我一般会分类好，但是对于电子邮件或者网页书签这样归属感不强的信息我一般都没有整理，如果有需要就直接去查找。"
	A20 软件工具的满意度	"现在的一些学术信息管理工具也没有完全很智能，而且升级更新后版本兼容也有问题，我最近就发现我的 CNKI-Elearning 升级后不能用了，搞得我很被动，已经建立的题录还要重新再弄，真是觉得浪费时间啊。"
	A21 信息管理现状的满意度	"我对我目前的管理现状满意度一般吧，因为也没出过太大的问题，而且一般需要的信息都能找得到。"
B8 个人学术信息管理重要性	A22 非常重要	"我觉得很重要，因为我现在发现读博期间的东西当时分类觉得很好，过一段时间我就找不到了（一些信息资料），前几天我想找我以前发问卷的底稿，一直找不到，最后还是去问卷星下载的。" "当然非常重要，如果不妥善管理的话到后面利用查找就会很困难，我觉得一定要给它进行逻辑性分类。"

附录3　科研人员个人学术信息管理行为影响因素预调查问卷

本问卷主要是对科研人员（如高校教师、科研院所研究人员、高校学生）的个人学术信息管理行为进行调研，调研结果仅用于学术研究，我们会对其中涉及个人隐私的内容严格保密。感谢您的支持与合作！

注：学术信息是指包含较高学术价值、能够满足科研人员学术科研需求的信息，个人学术信息是指个人保存的并为自己所用的学术信息。个人学术信息管理是对个人学术信息进行有效管理的科学方法和途径，以实现知识创新和共享为目标，将学术信息看作一种可以开发利用的资源，通过对个人学术信息进行有效和科学的管理，有目的、及时、高效地更新自己的知识和技能。主要包括个人学术信息保存、个人学术信息组织（如分类、备份和隐私保护等）和个人学术信息再现和利用。

第一部分：基本信息

1. 您的性别：（1）男　（2）女

2. 您的年龄：

（1）18 岁及以下　（2）18—21 岁　（3）22—25 岁　（4）26—29 岁　（5）30 岁以上

3. 您的学科：

（1）哲学（2）经济学（3）法学（4）教育学（5）文学（6）历史学（7）理学（8）工学（9）农学（10）医学（11）管理学

4. 您正在攻读或已获得的最高学位：

（1）硕士（2）博士

5．您的职称：

（1）讲师 （2）副教授 （3）教授

（4）助理研究员 （5）副研究员 （6）研究员

第二部分：个人学术信息管理行为影响因素调查

请您在问题后面的数字上打勾（其中数字1—5依次表示从"强烈不同意"到"强烈同意"）。您的回答应反映您的真实想法和判断，请独立完成以下问卷，如果您感觉对某个问题难以做出完全准确答案，请您提供尽可能准确的判断。

（一）本部分的主要目的在于了解您对个人学术信息管理的态度（情感）。

1．我认为对个人学术信息资源进行管理十分重要　1 2 3 4 5

2．我认为对个人学术信息资源进行管理是明智之举　1 2 3 4 5

3．我认为对个人学术信息资源进行管理对我的科研工作是有帮助的　1 2 3 4 5

4．我认为对个人学术信息资源进行管理的过程是令人愉悦的　1 2 3 4 5

（二）本部分的主要目的在于了解您对个人学术信息管理的感知结果。

5．如果不及时对我的学术信息进行管理就会面临信息丢失的风险　1 2 3 4 5

6．如果不及时对我的学术信息进行管理就会给以后的查找和利用带来一定的麻烦　1 2 3 4 5

7．我认为对个人学术信息进行管理是件轻松容易的事情　1 2 3 4 5

8．我认为对个人学术信息进行有效的管理可以节省我未来对信息查找利用的时间，提高我的科研工作效率　1 2 3 4 5

（三）本部分的主要目的在于了解您对个人学术信息进行管理的信念和自我效能感。

9. 如果我尽力去对个人学术信息进行管理的话，我总是能够解决管理中面临的问题　1 2 3 4 5

10. 我自信能有效地应对任何突如其来的关于个人学术信息管理遇到的难题　1 2 3 4 5

11. 即使不使用一些辅助性的软件和工具，我也认为我有能力对个人学术信息进行有效的管理　1 2 3 4 5

12. 我认为我有能力对学术信息的价值、来源进行有效的评估判断，从而对有价值的和来源可靠的信息进行管理　1 2 3 4 5

13. 我有足够的时间和精力去对个人学术信息进行有效的管理 1 2 3 4 5

（四）本部分的主要目的在于了解您的个人学术信息管理的习惯。

14. 每天都会遇到各种不同的信息，我都有保存相关有用的信息以备日后使用的习惯　1 2 3 4 5

15. 我有定期对个人学术信息进行归档整理（如删除无用信息，重要信息备份等）的习惯　1 2 3 4 5

16. 我有对个人学术信息进行安全保护的意识和习惯　1 2 3 4 5

17. 我有对下载保存的信息进行及时分类组织的习惯　1 2 3 4 5

18. 我习惯利用个人记忆而不是使用搜索工具（如系统自带搜索功能）查找已经保存的信息　1 2 3 4 5

19. 对个人学术信息进行管理已成为我科研工作的一部分　1 2 3 4 5

（五）本部分的主要目的在于了解目前对个人学术信息进行管理的有利的外部因素。

20. 现在有很多的软件、工具（如参考文献管理软件、桌面搜索工具等）能为个人学术信息管理提供条件　1 2 3 4 5

21. 现在大部分个人学术信息管理软件、工具是免费的，节约了成本开支　1 2 3 4 5

22. 随着信息技术和移动设备的发展，我可以实现随时随地在不

同设备同步、共享和管理信息　1 2 3 4 5

23. 随着存储成本的下降可以及时对信息进行备份，降低信息丢失的风险　1 2 3 4 5

24. 学校（或工作单位）会经常提供一些关于如何对学术信息进行有效管理的培训讲座　1 2 3 4 5

（六）本部分的主要目的在于了解您对个人学术信息进行管理的行为倾向。

25. 我认为对个人学术信息管理很重要，我未来会对其进行有效的管理　1 2 3 4 5

26. 如果对个人学术信息进行有效管理能提升科研工作的效率，我愿意及时对个人学术信息进行组织和管理　1 2 3 4 5

27. 如果有足够的时间和精力，我会对个人学术信息进行有效的管理　1 2 3 4 5

附录4　科研人员个人学术信息管理
行为影响因素调查问卷

　　本问卷主要是对科研人员（如高校教师、科研院所研究人员、高校学生）的个人学术信息管理行为进行调研，调研结果仅用于学术研究，我们会对其中涉及个人隐私的内容严格保密。感谢您的支持与合作！

　　概念解释：学术信息是指包含较高学术价值，能够满足科研人员学术科研需求的信息，个人学术信息是指个人保存的并为自己所用的学术信息。个人学术信息管理是对个人学术信息进行有效管理的科学方法和途径，以实现知识创新和共享为目标，将学术信息看作一种可以开发利用的资源，通过对个人学术信息进行有效和科学的管理，有目的、及时、高效地更新自己的知识和技能。主要包括个人学术信息保存、个人学术信息组织（如分类、备份和隐私保护等）和个人学术信息再现和利用。

第一部分：基本信息

1. 您的性别：（1）男　（2）女

2. 您的年龄：

（1）18—25岁　（2）26—30岁　（3）31—40岁　（4）41—50岁（5）50岁以上

3. 您的学科：

（1）哲学（2）经济学（3）法学（4）教育学（5）文学（6）历史学（7）理学（8）工学（9）农学（10）医学（11）管理学

4. 您正在攻读或已获得的最高学位：

（1）硕士（2）博士

5．您的职称：

（1）讲师 （2）副教授 （3）教授

（4）助理研究员 （5）副研究员 （6）研究员

第二部分：个人学术信息管理行为影响因素调查

请您在问题后面的数字上打勾（其中数字1—5依次表示从"强烈不同意"到"强烈同意"）。您的回答应反映您的真实想法和判断，请独立完成以下问卷，如果您感觉对某个问题难以做出完全准确的答案，请您提供尽可能准确的判断。

（一）本部分的主要目的在于了解您对个人学术信息管理的态度（情感）。

6．我认为对个人学术信息资源进行管理十分重要 1 2 3 4 5

7．我认为对个人学术信息资源进行管理是明智之举 1 2 3 4 5

8．我认为对个人学术信息资源进行管理对我的科研工作是有帮助的 1 2 3 4 5

（二）本部分的主要目的在于了解您对个人学术信息管理的感知结果。

9．及时、有效地对我的学术信息进行管理就会降低信息丢失的风险 1 2 3 4 5

10．及时、有效地对我的学术信息进行管理就会减少以后查找和利用信息的时间，从而提升科研工作效率 1 2 3 4 5

（三）本部分的主要目的在于了解您对个人学术信息进行管理的信念和自我效能感。

11．如果我尽力去对个人学术信息进行管理的话，我总是能够解决管理中面临的问题 1 2 3 4 5

12．我自信能有效地应对任何突如其来的关于个人学术信息管理遇到的难题 1 2 3 4 5

13．在借助一些管理软件和工具的帮助下，我认为我有能力对个人学术信息进行有效的管理 1 2 3 4 5

14. 我认为我有能力对学术信息的价值、来源进行有效的评估判断，从而对有价值学术信息进行管理　1 2 3 4 5

（四）本部分的主要目的在于了解您的个人学术信息管理的习惯。

15. 科研学习过程中都会遇到各种不同的信息，我都有保存相关有用的信息以备日后使用的习惯　1 2 3 4 5

16. 我有定期对个人学术信息进行归档整理（如删除无用和重复的信息等）的习惯　1 2 3 4 5

17. 我有对个人学术信息进行安全保护的意识和习惯（如重要文件备份管理，U盘移动硬盘等电子设备定期杀毒等）　1 2 3 4 5

18. 我有对下载保存的信息进行及时分类组织的习惯　1 2 3 4 5

19. 我有利用软件、工具（如参考文件管理工具、桌面搜索工具等）对个人学术信息进行管理的习惯　1 2 3 4 5

20. 对个人学术信息进行管理已成为我科研工作的一部分　1 2 3 4 5

（五）本部分的主要目的在于了解目前对个人学术信息进行管理的有利的外部条件。

21. 现在一些软件、工具（如参考文献管理软件、桌面搜索工具等）具备的功能便于对个人学术信息进行有效的管理　1 2 3 4 5

22. 现在大部分个人学术信息管理软件、工具是免费的，节约了成本开支　1 2 3 4 5

23. 现在大部分个人学术信息管理软件、工具都能有效的保护我的学术信息隐私和安全（如不会造成信息丢失、中毒和泄露等）　1 2 3 4 5

24. 随着网络技术和移动设备的发展，我可以实现随时随地在不同设备同步、共享和管理我的学术信息　1 2 3 4 5

25. 随着存储成本费用下降，我可以及时对信息进行备份（如移动硬盘备份和云存储）　1 2 3 4 5

（六）本部分的主要目的在于了解您对个人学术信息进行管理的

行为意向。

26. 我认为个人学术信息管理很重要，我未来会对其进行有效的管理　1 2 3 4 5

27. 如果能提升科研工作的效率，我愿意及时对个人学术信息进行组织和管理　1 2 3 4 5

28. 如果有足够的时间和精力，我会对个人学术信息进行有效的管理　1 2 3 4 5

图书在版编目（CIP）数据

大数据时代科研人员个人学术信息管理行为 / 占南
著. -- 北京:社会科学文献出版社，2018.8
ISBN 978 - 7 - 5201 - 2557 - 4

Ⅰ.①大…　Ⅱ.①占…　Ⅲ.①科研人员 - 信息管理 -
研究　Ⅳ.①G203

中国版本图书馆 CIP 数据核字（2018）第 074276 号

大数据时代科研人员个人学术信息管理行为

著　　者 / 占　南

出 版 人 / 谢寿光
项目统筹 / 宋浩敏
责任编辑 / 宋浩敏　陈素梅

出　　版 / 社会科学文献出版社·独立编辑工作室（010）59367150
　　　　　　地址：北京市北三环中路甲 29 号院华龙大厦　邮编：100029
　　　　　　网址：www. ssap. com. cn
发　　行 / 市场营销中心（010）59367081　59367018
印　　装 / 三河市尚艺印装有限公司

规　　格 / 开　本：787mm × 1092mm　1/16
　　　　　　印　张：14　字　数：194 千字
版　　次 / 2018 年 8 月第 1 版　2018 年 8 月第 1 次印刷
书　　号 / ISBN 978 - 7 - 5201 - 2557 - 4
定　　价 / 69.00 元